지구 온난화가 내 탓이라고?
이산화탄소의 변명

천천히읽는_과학7 **이산화탄소의 변명**
글 김기명

펴낸날 2019년 10월 7일 초판 1쇄 | 2024년 1월 25일 전면개정판 1쇄
펴낸이 김남호 | 펴낸곳 현북스
출판등록일 2010년 11월 11일 | 제313-2010-333호
주소 07207 서울시 영등포구 양평로 157, 투웨니퍼스트밸리 801호
전화 02) 3141-7277 | 팩스 02) 3141-7278
홈페이지 http://www.hyunbooks.co.kr | 인스타그램 hyunbooks
ISBN 979-11-5741-399-7 73450

편집 전은남 | 책임편집 류성희 | 디자인 디.마인 | 마케팅 송유근 함지숙
글 ⓒ 김기명 2024

이 책은 저작권법에 의하여 보호를 받는 저작물이므로 무단 전재 및 복제를 금지하며,
이 책 내용의 전부 또는 일부를 이용하려면 반드시 저작권자와 현북스의 허락을 받아야 합니다.

⚠ 주의 종이에 베이거나 긁히지 않도록 조심하세요. 책 모서리가 날카로우니 던지거나 떨어뜨리지 마세요.

지구 온난화가 내 탓이라고?
이산화탄소의 변명

김기명 글

| 머리말 |

지구 온난화가 이산화탄소 탓이라고?

　가끔 느닷없이 뜨는 휴대폰의 문자나 카톡에 깜짝 놀라는 경우가 많아졌어요. 근데 내용을 살펴보면 대부분 날씨 관련 문자입니다. 기상학과 정보통신 기술이 발달하고, 인공위성 같은 관측 계기가 발전하면서 이렇게 예보한 거라면 안심이 되겠지만, 내용을 확인하다 보면 오히려 갑작스럽게 불안해져요.
　느닷없는 집중 호우나 바람, 강수에 의한 산사태, 홍수 같은 날씨 관련 뉴스의 인터뷰를 보면 '생전 처음 겪는 일'이라며 강조하시는 할아버지 할머니의 말씀을 자주 듣게 되고, 이상 기후니 기상 이변이니 하는 말을 진행자의 입에서 자주 듣게 됩니다. 그리고 지구 기후, 지구 온난화란 말이 마무리 멘트 자리를 차지한 지도 꽤 오래되었습니다.

인류가 진화해서 사피엔스가 아닌 또 전혀 다른 종이 등장한 것이 아닌데도 이런 이상 기후 변화를 겪게 되는 근본적인 원인은 지구라는 행성의 기후 온난화 때문입니다. 날씨가 따뜻하다는 뜻의 '온난'이란 말 앞에 '지구'나 '기후'란 말이 붙으면 느낌이 전혀 달라집니다. 지구 온난화로 해마다 어김없이 겪게 되는 장마나 불볕더위, 혹한, 폭설 같은 말은 다시 듣고 싶지 않을 정도예요.

 문제는 이 '지구 온난화'라는 말에 풍선처럼 매달려서 온실가스의 주범이자 대표로 지목된 '이산화탄소'입니다. 이 물질은 사람들에게 이제는 귀찮고 골치 아픈 존재로 대접받고 있습니다. 좋고 나쁨도 상황에 따라 달라지기도 하고, 또 조건에 따라 달라지기도 하는데, 이산화탄소만큼은 그렇지 않은 것 같습니다. 오직 나쁜 것으로 기억되는 괴로운 존재가 되었습니다.

 과연 이산화탄소가 지구 온난화의 주범으로 무조건 꺼려야만 할 대상인지 다시 살펴볼 필요가 있는 데도 그런 시도조차 하지 않는 것 같습니다. 이산화탄소는 하소연할 데가 없는 것 같습니다. 지금부터 이산화탄소의 변명을 살펴보면서 그 억울함을 달래 주는 시간을 준비해 봅니다.

김기명

| 차례 |

머리말

1장. 공개 수배
지구 온난화의 주범, 이산화탄소?

왜 나만 미워해?	12
이산화탄소만 온실가스일까?	14
이산화탄소는 대기 중에 얼마나 있을까?	16
이산화탄소가 온실가스 주범이 된 까닭은?	18

2장. 첫 번째 변론
범인은 이산화탄소가 아니다

지구, 태양계의 오아시스	24
지구를 지키는 기체, 대기	34
지구의 담요, 이산화탄소	38
온실가스, 지구라는 온실의 유리	46

3장. 두 번째 변론
지구 온난화의 주범은 바로 인간 활동!

인간 활동과 이산화탄소	54
분명히 알고 가자, 온실가스!	62
온실가스도 등급이 있다?	72
이산화탄소 배출기, 화석 연료	84
인간은 온실가스 제조기	96

4장. 마지막 변론
결국 우리 스스로 해결해야 할 문제!

인간들이 해결해야 한다	114

1장 공개수배

지구 온난화의 주범, 이산화탄소?

(사진·픽사베이)

지구 환경 뉴스

이산화탄소 농도 '관측 사상 최고치'

이산화탄소는 온실가스의 하나로 지구 온난화의 주요 원인이 되고 있다. 이런 가운데 지구상의 이산화탄소 농도가 마침내 관측 사상 최고치인 415ppm을 돌파한 사실이 하와이 마우나로아 관측소 데이터를 통해 밝혀졌다.

지구 온난화 주범 이산화탄소, 널 용서하지 않겠다!

지구 온난화로
살 곳을 잃은 북극곰

지구 온난화를
일으키는 온실가스,
이산화탄소

이산화탄소 배출량
을 줄여야 한다

지구 온난화 가속화?

대기 중 이산화탄소 농도가 인류 역사상 최고점을 기록했다. 지구 온난화 현상이 가속화되고 있는 것 아니냐는 우려가 커지고 있다.

물 폭탄에 불바다에… "지구가 위험해요"

지구 온난화의 주범은?

지구를 아프게 하는 녀석이 '이산화탄소' 너였어?

국민 1인당 석탄 발전 이산화탄소 배출량 한국 '세계 2위'

왜 나만 미워해?

늘 접하는 텔레비전 뉴스나 신문 기사 때문일까? 사람들은 이상 기후 뉴스가 나오는 날엔 으레 이산화탄소가 지구 온난화를 일으켜서 그런 거라고 비난하곤 해.

흔히 '지구 온난화' 하면 녹아 가는 빙산 위에 아슬아슬하게 서 있는 북극곰이나 바닷물에 잠기는 섬나라 투발루를 떠올리곤 하지. 또 빙하가 녹아내리는 알래스카의 여름과 혹독한 추위 탓에 얼어붙은 겨울의 나이아가라 폭포를 지구 온난화에 따른 기후 변화로 여기고 있어. 이런 일들이 일어나게 만든 장본인으로 일컬어지는 이산화탄소는 영문도 모르는 채 비난의 화살을 받고 있어.

점점 녹아 가는 빙산과 북극곰. 지구 온난화로 살 곳을 잃고 있는 북극곰은 지구 온난화로 희생되는 가장 대표적인 생물로 알려져 있어. (사진·위키피디아)

 넓고 넓은 우주에 있는 물질을 살펴보면 탄소는 네 번째로 많지만, 지구에선 그 정도는 아니야. 산소나 규소, 알루미늄, 철 같은 물질이 더 많고, 탄소는 열네 번째야. 그마저도 대부분 석탄, 석회암, 흑연, 다이아몬드 같은 광물에 들어 있거나 바닷속에 녹아 있으니 우리에게 직접적인 영향을 주는 건 산소와 반응해서 공기 중에 존재하는 이산화탄소가 전부야. 이렇게 적은 비중을 차지하는데 왜 이산화탄소를 탓하는 걸까? 이산화탄소가 온실가스이기 때문에?

이산화탄소만 온실가스일까?

이참에 '온실가스'에 대해 확실하게 짚고 가자.

지구를 둘러싸 보호하는 대기권에 오랫동안 머무르며 온실의 유리 같은 역할을 하는 기체 물질이 바로 자연의 온실가스야. 연평균 기온 15℃의 지구를 유지하는 역할을 하지. 문제는 인간 활동 때문에 마구 배출돼 대기 중에 포함되는 인공 온실가스야. 그 탓에 농도가 한없이 늘어나며 지구 온난화 정도가 높아진다는 거야.

이 온실가스에는 이산화탄소만 있는 건 아니야. 지구 온난화를 걱정하면서 만든 UN 연구집단 '기후 변화에 관한 정부 간 패널'(IPCC)이 지정한 온실가스는 여섯 가지야. 그 가운데 이산화탄소는 인공 배출량이 많아 천덕꾸러기 취급을 받지만, 사실 지구 온난화 능력은 가장 낮은 수준이거든.

나름대로 이유가 있어 만든 말이겠지만 '탄소 제로 도시'라는 말을 들으면 절로 물음표가 떠오르지. 주식인 밥과 빵은 기본이 탄수화물, 첫 글자가 '탄'이니 당연히 탄소가 한 역할 하겠지. 고기나 식물체를 이루는 셀룰로스도 마찬가지야. 탄소가 대부분을 차지하는 음식물 섭취로 에너지를 얻어 살아가는 인간들이 탄소가 하나도 없는 도시를 어떻게 만든다는 건지?

아, 이산화탄소 배출량이 0인 도시라고? 그렇게 이산화탄소가 전혀 없는 도시라면 탄소 지구인들은 행복하게 살 수 있을까? 광합성 원료가 없는데 가로수나 벼, 밀 같은 녹색식물들은 어떻게 살려나?

이산화탄소는 대기 중에 얼마나 있을까?

　금성이나 화성과 마찬가지로 원시 지구도 이산화탄소 행성이었어. 마그마 바다 위를 덮고 있던 이산화탄소가 비에 녹아들며 점차 지금의 지구 모습을 만들었어.
　탄소는 생명체의 원천이라 할 수 있어. 그 탄소가 공기 중에 존재하는 방법이 바로 이산화탄소인데, 이런 대접을 받는 건 말이 안 되지. 지구 대기에 들어 있는 이산화탄소의 대부분은 바닷물에 녹아들어 산호 같은 지구 식생에 들어가게 돼. 나머지도 오랜 과정을 거쳐 다른 물질들과 화학 반응하면서 석회암, 대리암, 석탄 등으로 변했어.
　0.04%! 1만 개 중 4개란 거잖아. 대기 중에 포함된 이산

지구를 둘러싸고 있는 대기. 지구 대기 가운데 대부분은 질소와 산소가 차지하고 있고, 이산화탄소는 고작 0.04퍼센트일 뿐이야. (사진·픽사베이)

화탄소의 양이야. 1만 개의 콩 중에 좀 더 큰 콩 4개라고 생각하면 돼. 대기 대부분을 차지하는 질소와 산소는 예외로 해도, 이름도 낯선 아르곤이라는 기체도 이산화탄소보다 20배 이상 많거든.

금성, 화성처럼 96% 이상 차지한다면 모르겠지만, 대부분 고체로 존재하기 때문에 이산화탄소는 반응하는 일도 거의 없어. 주변에 영향을 줄 수도 없는 이산화탄소를 죽음의 사자인 양 취급하는 건 문제야.

이산화탄소가
온실가스 주범이 된 까닭은?

침팬지와 갈라선 때부터 따져도 역사가 700만 년 정도인 인류야. 현생 인류인 구석기의 크로마뇽인부터 살피면 기껏해야 4만 년 남짓이 다잖아. 그 역사 속에서 이산화탄소를 구박하기 시작한 건 1972년 '로마클럽 보고서'부터야. 인류에게 닥칠 위기를 경계하며 이대로 경제 성장이 지속된다면 인간과 자연 간 불균형이 심해질 거라면서 대표적으로 오염에 따른 지구 온난화를 문제로 제시했어.

이렇게 인류 스스로 문제의 시작에 인간 활동을 지정하고도 10여 년이 지난 1985년에는 이산화탄소를 지구 온난

천덕꾸러기 취급을 받는 온실가스, 이산화탄소. 하지만 온실가스 가운데 이산화탄소의 지구 온난화 능력은 가장 낮은 편이야. (사진·픽사베이)

화의 주범이라고 공표해. 이후 이산화탄소는 인류의 공포 대상에 오르게 돼.

지구 온난화를 걱정하면서 '교토 의정서'라는 전 지구인의 약속을 만들었는데, 그 맨 앞에 이산화탄소를 놓았어. 자기 나라 경제를 보호해야 한다며 여기에 서명조차 거부한 미국은 NASA(미국항공우주국)를 통해 이산화탄소가 만들어 내는 지구 온난화 문제를 들먹거리기도 했어.

기후 변화가 심해짐에 따라 생태계가 파괴되면 태양계에서 유일하게 생명체가 살고 있는 지구에는 큰 위협이 될 수밖에 없어. 하지만 이산화탄소를 온실가스 대표 주자로 내세우는 것만으로 이상 기후 문제를 해결할 수 있을까?

2018년 인천 송도에서 발표한 '기후 변화에 관한 정부 간 패널' 보고서는 '산업화 이전 수준 대비 1.5℃ 높은 지구 온난화의 영향 및 관련된 온실가스 배출 경로에 대한'을 제목 앞에 달고 있어. 지구 온난화가 이대로 계속된다면 지구 연평균 기온이 1.5℃ 올라가는 일이 30년 안에 벌어질 거로 예상한 거야.

최근의 여러 연구 결과는 지구 전체에 영향을 주는 온난화가 인간 활동에 의한 것임을 분명히 하고 있어. 예를 들어 증기 기관이 세상에 나온 이후 오늘에 이른 산업 발달이 지구 평균 기온을 1.0℃ 정도 올렸다고 판단하거든. 인간 활동으로 진행 속도가 더욱 빨라지고 있는 지구 온난화는 극단적인 기후 변화를 일으켜 해수면 상승 같은 문제를 일으키는 원인이 되기도 해.

"대프리카 불볕더위에 흙수저 동물들 파김치"
한 신문의 무시무시한 기사 제목이야. 물론 이산화탄소가 온실가스라는 점을 부인할 수는 없어. 하지만 저 '흙수저 동물들'을 파김치로 만들고, 대구를 '대프리카'로 만든 게 이산화탄소뿐일까?

범인은 이산화탄소가 아니다

(사진·픽사베이)

지구, 태양계의 오아시스

'태양계의 오아시스, 지구'라는 말이 있어. 태양계에는 지구 말고도 일곱 개의 행성에, 그에 딸린 달 같은 위성도 상당히 많아. 그런데 왜 지구만 태양계의 오아시스라고 하는 것일까?

지구에는 엄청 많은 생명체가 존재하지. 그때그때 지구 색을 바꾸는 식물에, 확인된 것만 따져도 160만 종이 넘는 동물, 그중 인간만 헤아려도 80억이 넘잖아. 거기에 귀찮은 파리, 모기에 줄지어 다니는 개미의 개체 수를 더한다면 얼마나 될까? 한 번에 1억 개가 넘는 알을 낳는 물고기도 있다지. 지구가 이렇게 엄청난 생명체들의 공간이 된 이유는 무엇일까?

바로 물과 공기 중 산소 덕분이야. 그 덕에 태양계의 '골디락스 존'이라고도 불리잖아. 골디락스 존은 태양 같은 별의 에너지가 미치는 범위 중 액체인 물이 존재할 수 있는 생명 가능 지역을 말해. 그리고 물이 있으면 당연히 따르는 게 공기야.

지구를 벗어나 우주에 가려면 불편한 우주복을 입잖아. 가장 큰 이유가 공기 때문이야. 지구를 벗어난 우주에선 생명에 필요한 산소를 얻을 수가 없으니까. 같은 태양계에 존재하는 다른 행성들에서는 물은 전혀 보이지 않고, 대기가 있더라도 산소는 없어.

예를 들어 금성과 화성에도 대기는 있어. 하지만 대기의 대부분이 질소와 산소인 지구와 달리, 금성과 화성은 이산화탄소가 대기의 대부분을 차지하고 있어.

지구가 생명체들의 공간이 되게 한 또 하나의 요소는 태양의 복사 에너지야. 태양계 모든 에너지의 근본은 태양으로, 태양 에너지는 수소 덩어리가 핵융합 반응을 일으켜

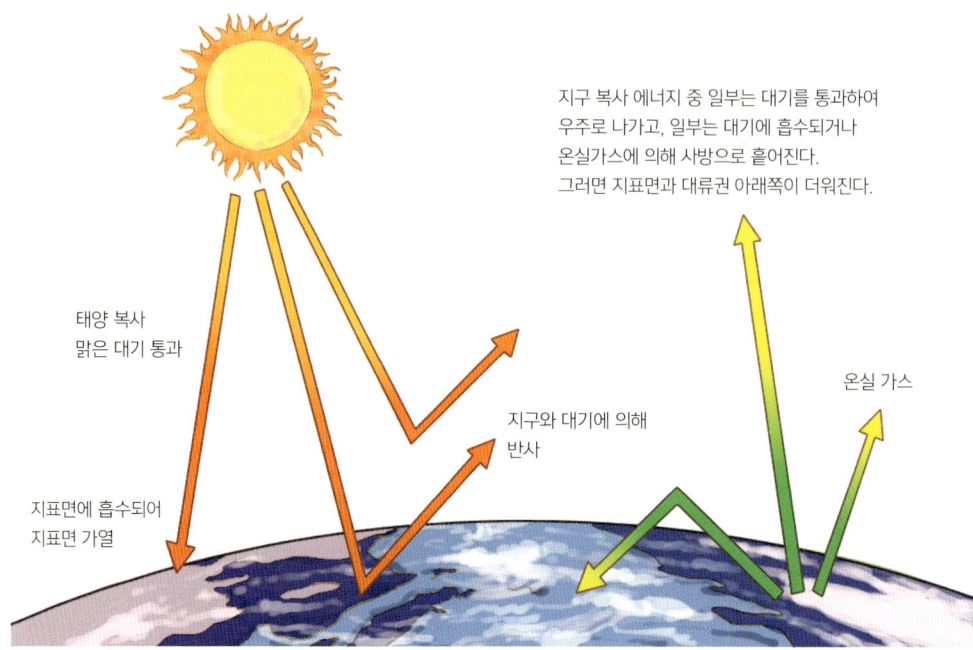

지구와 태양의 복사 에너지

엄청난 빛과 열을 내며 만들어져. 여기서 만들어지는 태양열이 빛을 통해 전해지는데, 이게 태양의 복사 에너지야. 빛이 열을 직접 전달하는 걸 '복사'라고 해.

 지구에 도달한 태양의 복사 에너지를 지표면이 받아들이면서 지구도 천천히 데워지며 따뜻해져. 그렇게 따뜻해진 지구는 받아들인 태양 에너지의 3분의 1 정도를 다시 내놓아. 온도가 높아진 물체는 복사열을 만들기 때문이야.

같은 복사 에너지라도 지구와 태양이 내놓는 복사 에너지엔 차이가 있어. 우리가 상상할 수 없을 정도의 열을 갖는 태양 복사 에너지에는 별별 파장이 다 들어 있어. 하지만 태양처럼 에너지를 스스로 만들지 못하는 지구는 받아들인 걸 반사하는 것처럼 내놓을 뿐이기 때문에 태양에 비해 파장의 가짓수가 적어.

지구의 복사 에너지는 파장이 긴 적외선 형태야. 태양 에너지 중에 자외선처럼 파장이 짧은 건 받아들이고, 적외선처럼 파장이 긴 건 다시 내놓는다고 생각하면 돼. 모든 태양 에너지를 다 받아들이면 지구는 엄청나게 뜨거워질 거야. 하지만 받아들이는 에너지가 있으면 내놓는 것도 있어야 하는 게 우주의 원리야. 그래서 지구는 태양으로부터 받아들인 에너지에 비례하는 에너지를 내놓아 온도를 일정하게 유지하지. 이것이 지구의 복사 평형이야.

지구는 태양 에너지를 받아들이고 복사 에너지를 내놓을 때 만들어지는 대기로 인한 온실 효과로 평균 기온 15°C를 유지하면서 생명체들이 살 수 있는 공간이 된 거야.

에너지 파동

에너지 파동의 크기는 보통 진폭과 파장의 크기로 비교된다. 파도 모양을 그려 보면 높은 곳과 낮은 곳이 보인다. 산마루와 산골짜기를 떠올려 보자. 높은 곳을 '마루', 낮은 곳을 '골'이라고 한다.

골과 골, 마루와 마루 사이의 거리가 '파장'이다. '진폭'은 평평한 기준점에서 골이나 마루까지의 거리다. 높은 파도는 진폭이 크고, 그만큼 에너지가 더 많아진다.

태양 빛을 이야기할 때 자주 등장하는 스펙트럼은 분광기라는 기계로 확인할 수 있는데, 초등학교 과학실에서는 보통 프리즘을 사용

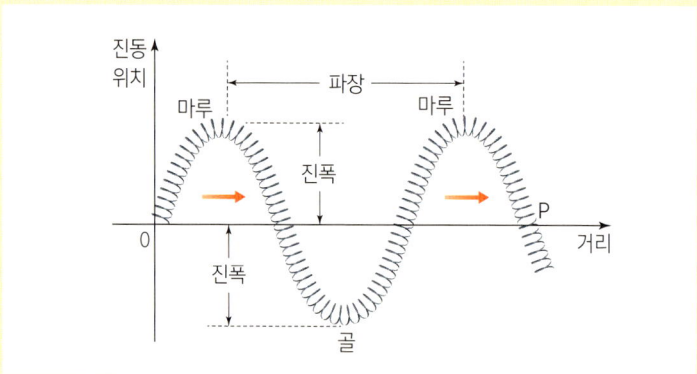

거리에 따른 파동 모양

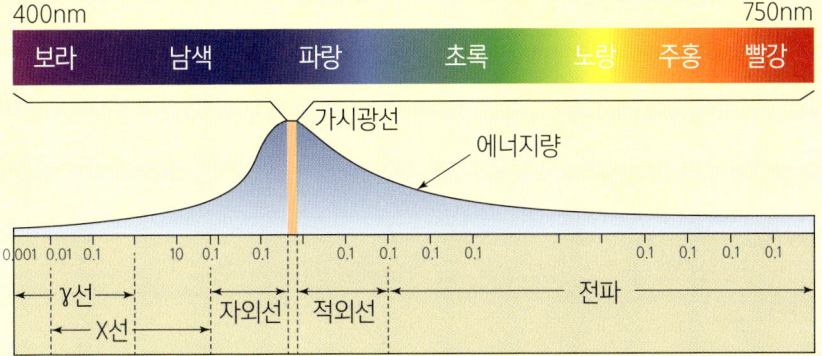

태양 복사 스펙트럼. 1nm(나노미터)는 10억분의 1m에 해당해.

한다. 빛이 프리즘을 통과하면 빛깔이 차례로 이어지는 띠가 나타난다. 바로 무지개다. 태양을 등지고 공중에 스프레이를 뿌려도 확인할 수 있다.

아무 색깔도 보이지 않는 빛이 어떻게 무지개를 만들 수 있을까? 빛이 파동을 만들면서 움직이기 때문이다. 프리즘을 통과한 빛은 빨강에서 보라까지 나누어진다. 색깔마다 파장이 다르기 때문이다.

저녁노을은 왜 빨갛게 보일까? 저녁이 되면서 파장이 짧은 다른 색들은 차츰차츰 사라지고 파장이 가장 긴 빨강 파동이 마지막까지 남기 때문이다. 무지개에서 보라색이 희미한 것은 다른 색에 비해 파장이 짧아 움직임이 적기 때문이다.

세계적인 육상 선수 우사인 볼트와 초등학생이 달리기 시합을 한다고 생각해 보자. 우사인 볼트와 초등학생의 달리기 실력은 비교가 되지 않을 것이다. 우사인 볼트는 한걸음에 2m가 넘게 뛸 수 있지만, 초등학생은 고작 한걸음에 1m 남짓 뛸 수 있기 때문이다. 여기서 빨강은 우사인 볼트, 보라는 초등학생이라 생각해 보자. 그리고 1초 동안의 걸음 수를 진동수, 한걸음에 갈 수 있는 거리를 파장이라 생각하자. 빨강은 적은 걸음 수로도 멀리까지 갈 수 있는 우사인 볼트처럼 진동수가 적고 파장이 길지만, 보라는 걸음 수가 많으면서도 멀리 가지 못하는 초등학생처럼 진동수가 많고 파장이 짧은 것이다. 파장은 '크다', '작다'가 아니라 '짧다', '길다'로 나눠진다는 것을 기억하자.

'적외(赤外)선'은 한자 그대로 가시광선 중 파장이 가장 긴 '빨간빛 바깥'이다. 빨간빛보다 파장이 길어서 눈으로 보기는 쉽지 않다. 열선이라고도 부르는 적외선은 열인지 빛인지 좀 헷갈릴 때가 있다. 빛이라면 볼 수 있어야 하고, 열이라면 온도에 차이가 생겨 이동하는 에너지가 있어야 하기 때문이다. 적외선은 사실 빛도 열도 아니고, 그냥 방사되는 에너지 파동의 하나일 뿐이다.

적외선의 파동은 물질들이 받아들이기 딱 좋은 수준이다. 적외선도 에너지이니 이걸 받아들인 물질의 분자는 움직임이 활발해진다.

활발해진 분자는 도미노 현상처럼 주변 분자들에 움직임을 전하니 적외선을 받아들인 물질에선 열이 발생한다. 그러니 스스로 열을 가지고 있지 않은데도 열선이라는 이름이 붙은 것이다.

목욕탕에 있는 적외선 사우나를 떠올려 보자. 더운 곳이지만 살갗은 땀이 나는 것 말고 달라지는 것이 없다. 자외선 에너지는 살갗을 태우듯 뭘 변화시키니 화학선이라 하고, 적외선 에너지는 이렇게 숨은 열을 갖고 있어 열선이라고도 부르는 것이다.

열의 이동

물이나 열은 둘 다 움직이지만 열이 움직이는 건 물이 흐르는 것처럼 보이지는 않는다. 열의 움직임은 대류, 전도, 복사로 나눈다.

라면 끓일 때를 떠올려 보자. 냄비 바닥에 열이 전해지면 물이 보글보글 끓는다. 거품처럼 위로 올라오는 물방울에는 열이 많이 들어 있다. 이렇게 기체나 액체에서는 열이 물질을 따라 더워지면 위로, 식으면 아래로 움직인다. 이게 '대류'이다.

냄비에 담긴 뜨거운 라면에 숟가락을 담근다. 숟가락 손잡이는 공

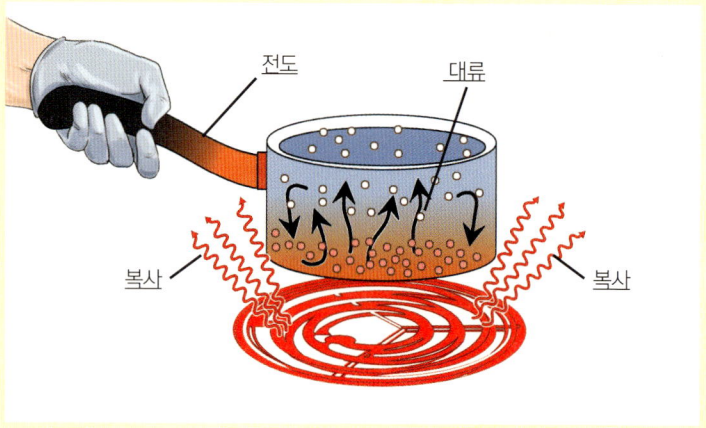

열의 이동 종류

기 중에 있는데도 뜨거워진다. 국물의 열이 숟가락을 이루는 알갱이와 부딪히면서 에너지를 전했기 때문이다. 이렇게 고체 물질을 따라 열이 이동하는 게 '전도'다.

'복사'는 열이 스스로 이동하는 것이다. 난로와 사람 사이에는 공기밖에 없다. 그런데 불붙은 난로 근처에 가면 위뿐 아니라 아래도 따뜻하다. 열이 적외선을 통해 직접 이동했기 때문이다. 파동인 열에너지가 이동하면서 다른 물체에 열을 전해 주는 게 바로 복사다. 온도가 있는 물체는 모두 복사열을 가지고 있다. 겨울 아침, 추웠던 교실도 아이들이 모이면 훈훈해진다. 대략 36℃ 정도의 체온을 유지하는 아이들이 지닌 복사열 때문이다.

지구를 지키는 기체, 대기

　대기는 물과 함께 지구를 생명체가 살 수 있는 공간으로 만들어 줘. 원시 지구를 먼저 살펴볼까.

　지구는 우주에서 보면 그저 작은 별에 불과해. 에너지를 스스로 만들지 못하니 빛을 내는 별도 아니야. 지구가 처음 만들어졌을 땐 지금보다 더했어. 바다도 없는, 그냥 불덩이였으니까. 중력을 충분히 벗어날 수 있는 대기층도 헬륨이나 수소 같은 기체로 구성되어 있어 지구는 우주를 마구 떠돌아다녔어. 처음 만들어지는 다른 별들처럼 지구 대기층에는 다른 물질과 만나도 아무런 반응을 하지 않는 원소들인 네온이나 크세논 정도가 있었어.

그러면 지금의 지구 대기는 어떻게 만들어졌을까?

원시 지구가 진화하면서 지구를 둘러싼 대기층이 천천히 형성됐다고 보고 있어. 대기권이라고 하면 엄청난 것으로 생각할 수도 있지만, 달걀로 치면 껍질 정도밖에 안 돼. 어떤 과학자는 지구가 살짝 눌린 모양이니 양파에 비유하기도 해. 양파의 가장 바깥에 있는 얇은 겉껍질 정도가 지구를 보호하는 대기권이라는 거야. 이처럼 대기는 생각보다는 아주 적은 부분이야.

대기권은 높이가 100km 넘으니 꽤 높다고 할 수 있어. 그런데 우리가 살펴볼 대기는 80퍼센트 정도가 12km 높이의 대류권에 있어. 비행기가 떠가는 정도의 높이니 지구를 양파로 보면 껍질보다도 더 얇은 수준이야.

이 정도를 차지하는 대기가 지구에 생명이 살 수 있게 해 주는 것이야. 지구 대기 가운데 가장 많은 양을 차지하는 건 질소로, 대기 전체 가운데 78% 정도를 차지해. 다행스럽게도 질소는 다른 물질과 접촉할 때 쉽게 반응하지 않아. 그래서 인간들에게 피해를 줄 일이 없고 안정돼 있어.

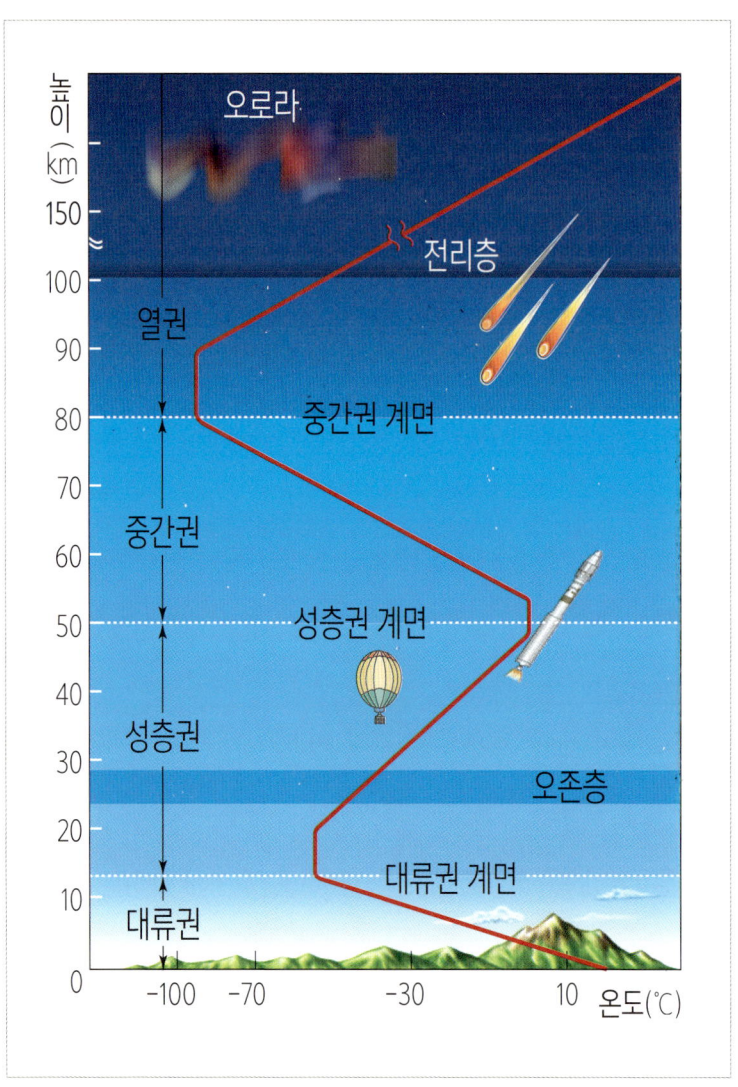

양파 껍질에 비유되는 지구의 대기권

그 다음으로 많은 건 생명체들에게 꼭 필요한 산소! 대기의 21퍼센트를 차지해.

질소와 산소를 합하면 99퍼센트이니 남은 건 1퍼센트. 이것도 대부분이 아르곤이란 물질이야. 이산화탄소는 0.04 퍼센트! 굳이 따지면 공기 알갱이 1만 개 중 7,800개는 질소, 2,100개는 산소로, 이산화탄소는 고작 4개라는 얘기야. 이런 이산화탄소가 왜 지구 온난화 주범으로 꼽히는 걸까?

"지구는 푸르다."

지구인 가운데 처음으로 우주에 간 유리 가가린이 우주에서 지구를 보며 던진 첫마디야. 멋진 고리가 있는 토성, 붉은빛이 도는 화성, 색 잔치를 보여 주는 금성도 볼 만하지만, 푸른빛이 도는 지구의 모습은 환상적이야. 지구를 환상적으로 푸르게 만드는 여러 요인 중 바다의 비중이 훨씬 크겠지만, 원시 지구 상황에서 바다에 녹아든 이산화탄소도 한 자리를 차지한다는 사실을 빼놓을 수는 없어.

지구의 담요, 이산화탄소

 달리는 자동차에서 나오는 기체는 '배기 기체'라고 하지 않고 '배기가스'라 하지. 이 밖에도 가스레인지와 보일러용 도시가스, 자동차용 천연가스, 풍선을 하늘로 띄우는 헬륨 가스 등등 눈으로 볼 수는 없지만 이렇게 우리 주변에 가스는 꽤 많아. 그 많은 가스 가운데 사람들이 처음 가스로 부른 게 바로 이산화탄소야.

 1600년경 벨기에 사람 얀 밥티스타 판 헬몬트가 가스를 처음으로 발견했어. 헬몬트는 '과학'이라는 말이 등장하기 전 사람으로 기체 연구의 선구자야. 사람들이 늘 접하는 공기와는 다른 기체도 있다는 걸 확인한 거야.

헬몬트는 나무나 풀이 탈 때 혹은 술이 발효되면서 나오는 기체에 관심을 가졌어. 그러다 석회석에 식초 같은 산성 물질이 닿으니 공기와는 다른 기체가 만들어진다는 걸 확인했지. 모두 이산화탄소였어. 그러니 기체의 원조는 바로 이산화탄소라고 할 수 있겠지.

기체 연구의 선구자, 헬몬트. 1600년경 벨기에 사람으로, 가스를 처음으로 발견했어. (사진·위키피디아)

헬몬트는 그 특별한 기체에 가스란 이름을 붙였어. '가스'는 엉망진창의 혼돈 상태를 일컫는 그리스 말 '카오스'에서 나온 말이야. 기체는 입자끼리 당기는 힘이 없어 모양도 없고 정해진 규칙도 없기 때문에 붙여진 말일 수도 있어. 가스는 이렇게 비롯됐어. 정해진 모양이 없으니 부피도 확인할 수 없고, 한없이 늘어나는 신기한 물질이었지.

헬몬트는 대기 중에도 이산화탄소가 존재할 거로 생각했어. 하지만 이산화탄소라는 이름은 150년 정도 지난 다음에야 붙었어. 영국 학자 조지프 블랙이 탄소가 들어 있는 암석들을 가열하면 이산화탄소가 만들어진다는 걸 알아낸 것이야. 그는 또 이산화탄소는 다른 물질에 잘 흡수된다는 것도 알아냈어. 그리고 물질끼리 결합할 때 고정된다고 생각해서 이산화탄소를 아예 '고정 공기'라고도 불렀어. 쉽게 날아가지 않는다고 본 것이야. 뒤를 이어 프랑스의 라부아지에가 우리 주변에 떠 있는 공기는 하나의 물질이 아니라 여러 기체로 이루어져 있다는 걸 알아냈어.

과학자들은 원시 지구 시기에는 이산화탄소의 농도가 지금의 1,000배 이상이었을 것으로 생각하고 있어. 그렇다면 초기 지구가 지금의 금성 같았단 말일까? 아니야, 과학자들은 당시 태양 활동이 지금보다 약했다고 보고 있어. 그래서 지구까지 오는 태양 에너지 양도 현재의 30퍼센트 정도로 적었을 테니 지금의 금성과는 달랐을 것이야.

그 후 지구가 안정되면서 화산 활동이 점차 줄어들고 대

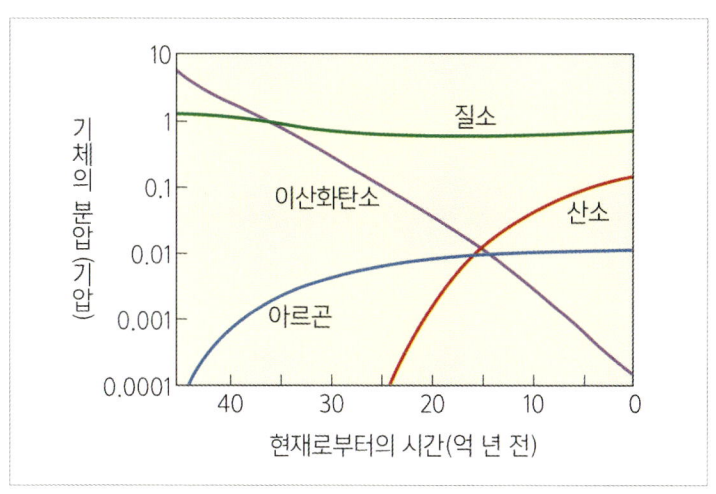

대기를 구성하는 기체 변화

기 중의 탄소는 중력에 의해 지표면으로 당겨졌어. 그래도 지금 대기와 같지는 않았어. 산소가 없었기 때문이야. 질소는 현재와 비슷한 수준으로 가장 많은 양을 차지했어.

지구 입장에서는 대기 속 이산화탄소가 아주 고마운 존재였어. 태양 에너지가 지금보다 적은 상태에서 지구의 복사 에너지가 기온 유지에 큰 역할을 했는데, 복사 에너지가 우주로 날아가지 않도록 이산화탄소가 잡아 주었기 때문이야. 수증기와 함께 이산화탄소가 지구에 생명체가 살 수 있는 공간, 곧 온실을 만들어 준 것이야.

마술사, 이산화탄소!

　물질의 세 가지 상태, 고체, 액체, 기체! 이 세 가지 상태를 모두 유지할 수 있는 대표 선수는 물이다. 고체인 얼음이 녹으면 액체인 물이 되고, 물에 열을 가하면 기체인 수증기가 된다. 물 말고도 세 가지 상태를 모두 유지할 수 있는 물질은?

　쉽게 떠오르지 않을 것이다. 하지만 이산화탄소도 물처럼 세 가지 상태를 다 유지할 수 있다. 기체인 이산화탄소가 고체가 된다고 하니 상상이 안 될 것이다. 덩어리 모양의 기체를 본 적이 없으니 당연하다. 하지만 이산화탄소는 덩어리를 뚜렷하게 만든다. 아이스크림을 녹지 않게 해 주는 드라이아이스가 바로 그것이다.

　얼음은 녹으면 흥건하게 물을 남기고 그 물이 수증기가 된다. 하지만 드라이아이스는 녹으면 아무것도 남지 않는다. 바로 기체가 되기 때문이다.

　공연 무대에 깔리는 드라이아이스를 본 적이 있을 것이다. 그게 주변의 열을 빼앗아 기체로 변하면서 온도를 엄청나게 낮출 때 안개처럼 퍼지는데 그걸 이산화탄소라고 생각하는 사람들이 있다. 하지

고체 상태의 이산화탄소인 드라이아이스. 드라이아이스는 녹으면 아무것도 남지 않고 기체인 이산화탄소가 돼.

만 기체는 우리 눈에 보이지 않는다. 안개같이 보이는 게 아니라 바로 안개다. 무대 주변에 있던 수증기가 냉각되면서 생긴 작은 물방울들이니까. 공기 중에 이산화탄소가 그 안개만큼 있다면 사람들은 숨도 제대로 못 쉴 거다.

0℃ 아래로 내려가면 물은 얼고, 사람들은 서서히 추위를 느낀다. 하지만 탄소는 다르다. 드라이아이스는 영하 78.5℃는 돼야 만들어지기 때문이다. 그 온도보다 높아지면 특별한 상황이 아닌 한 액체 상태를 거치지 않고 바로 이산화탄소로 변하는 승화 물질이다. 사람들이 살 수 있는 온도에서 이산화탄소는 그냥 기체로만 존재한다.

물 알갱이들은 서로를 좋아해서 자석의 남극과 북극처럼 늘 서로

끌어당긴다. 그런데 이산화탄소는 혼자 있는 걸 더 좋아해서 밖에서 엄청난 힘을 가해 누르거나, 영하 78.5℃ 이하의 온도를 만들어 주지 않으면 다른 친구들과 함께 있기를 거부한다.

그래서 사람들은 이산화탄소를 이용하기 위해 억지로 눌러서 액체로도 만들고, 온도를 낮춰 드라이아이스도 만든다. 액체 이산화탄소는 본 적이 없을 것이다. 보통 공기 압력에서는 액체가 될 수 없기 때문이다.

하지만 액체 이산화탄소를 만날 수는 있다. 바로 불 끌 때 쓰는 소화기다. 엄청난 압력을 가해 쇠로 만든 탱크 안에 가둬 둔 것이라 조금이라도 틈이 생기면 쏜살같이 빠져나와 불길을 덮치면서 불을 끈다. 이산화탄소가 불을 끌 수 있는 이유는 우선 불이 타는 데 필요한 산소를 막을 수 있기 때문이다. 거기다가 탱크 속에 들어 있다가 순식간에 빠져나오면 엄청 차가워 불이 타는 데 필요한 열을 빼앗기 때문이다.

이산화탄소는 뜨겁지 않은 끓는 물도 만들 수 있다. 엄청 차가운 상태에서도 김을 폭폭 내면서 물이 펄펄 끓는 것처럼 보이게 할 수 있다.

물속에 드라이아이스를 넣어 보자. 기체가 된 이산화탄소가 밖으

소화기에 담겨 있다가 뿜어져 나오는 액체 이산화탄소. 산소를 막을 수 있고, 불이 타는 데 필요한 열을 빼앗아 불을 끌 수 있어.

로 나오려고 탄산음료의 거품처럼 물속에서 방울방울 솟아오른다. 물속 온도가 워낙 낮으니 물 주변 수증기가 작은 물방울로 변해서 마치 김이 나는 것처럼 보인다. 드라마에서 물 끓이는 상황에 많이 사용한다.

드라이아이스는 엄청 차가운 물질이므로 피부에 닿으면 눈 깜짝할 사이에 많은 열을 빼앗는다. 그렇다 보니 차가운 게 아니라 순간적으로 뜨겁게 느껴진다. 심하면 화상 입은 것처럼 물집도 생길 수 있으니 절대 맨손으로 만지면 안 된다.

온실가스, 지구라는 온실의 유리

고체에 비해 쉽게 움직일 수 있는 액체나 기체가 이동할 때 열이 함께 움직이는 게 대류야. 뜨거워지면 위로, 차가워지면 아래로. 식물에서 생기는 복사열도 공기와 함께 움직여. 공기를 따라 위로 올라간 식물의 복사열이 밖으로 빠져나가지 않게 잡아 두는 게 바로 온실이야. 투명한 유리나 비닐로 막아 놓고 햇빛과 거기 들어 있는 복사열은 받아들이면서 데워진 공기가 빠져나가는 것은 막는 거야.

한편 온실에서 자라는 식물들도 생산자이므로 스스로 필요한 물질을 만들어야 해. 엽록체가 기계처럼 햇빛과 물, 이산화탄소를 재료로 광합성을 해서 식물에 필요한 물질을 만들어 내.

햇빛의 무지개색 가시광선 가운에 주로 빨강과 파랑이 광합성 재료가 돼. 광합성이 진행될 때 식물이 내놓는 적외선은 파장이 길기 때문에 다른 물질에 잘 흡수되지. 이

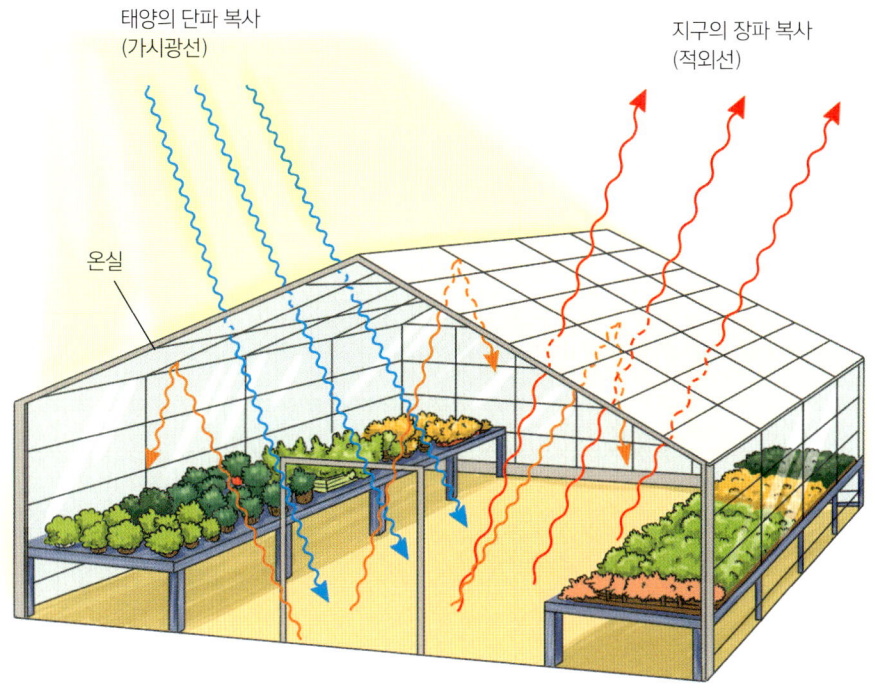

온실 효과

적외선에 들어 있는 복사 에너지를 유리나 비닐이 차단하여 일정 부분이 온실에 남게 하는데 이게 바로 '온실 효과'야.

온실가스 대표로 일컬어지니 온실 속에는 이산화탄소가 많을 것 같겠지만, 오히려 이산화탄소가 부족해서 억지로 연기를 넣어 주는 일도 있어.

광합성을 진행할 때 엽록체는 이산화탄소를 엄청 많이 사용해야 해. 그런데 문이 닫힌 온실은 사방이 막혀 있어 밖에서 공기가 들어올 수 없으므로 광합성이 계속되면 이산화탄소가 부족한 상황도 생길 수 있겠지. 그래서 이산화탄소가 들어 있는 연기를 넣어 주기도 해.

지구를 온실에 비교하는 이유는 온실 속 식물의 복사 에너지가 유리나 비닐에 막히듯 지구도 마찬가지 상황이 만들어지기 때문이야. 앞에서 보았듯이 태양 에너지를 받아들인 지구는 일정 부분의 복사 에너지를 다시 내놓잖아. 지구의 온실 효과는 여기서 시작돼.

지표면이나 바다에서 나오는 적외선 복사 에너지는 많은

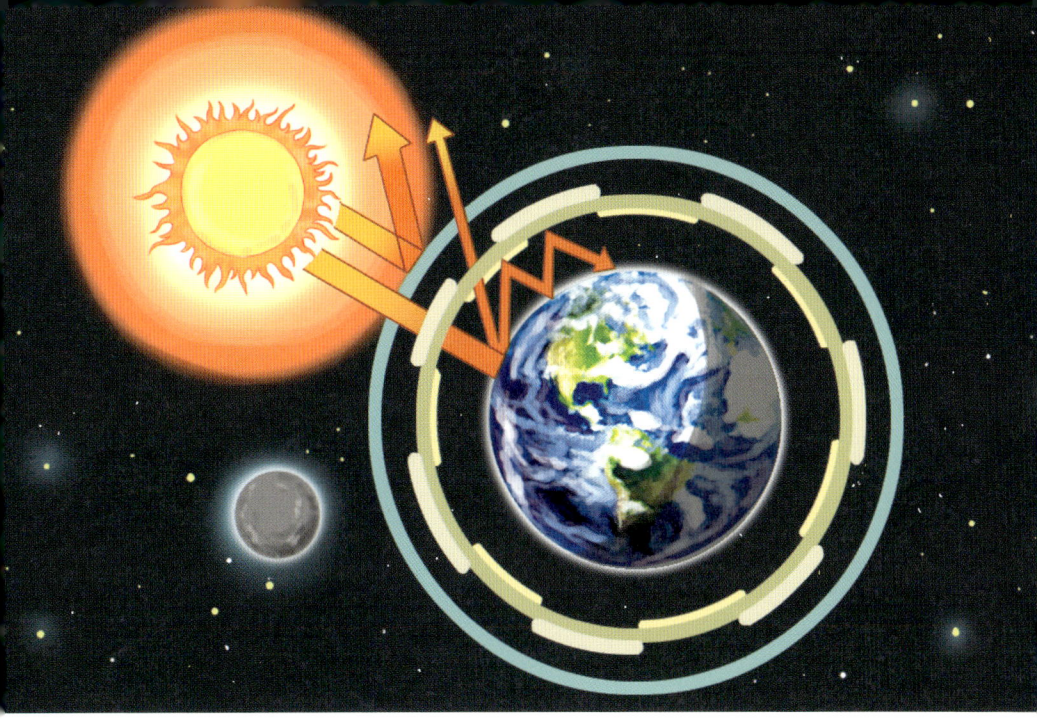

지구의 온실 효과

부분이 하늘에 떠 있는 구름과, 수증기가 들어 있는 대기에 흡수돼. 적외선은 빨강보다 파장이 길어서 잘 흡수되기 때문이야. 이 에너지를 갖고 있는 대기나 구름이 움직이다 보면 거기에서 나오는 열이 다시 지구에 영향을 주지. 이게 지구의 온실 효과야. 온실의 유리나 비닐이 하던 일을 지구에선 대기가 대신하는 거야.

 물론 뜨거워진 공기가 퍼져 나가지 못하게 막는 온실의 유리, 비닐과 달리 온실가스는 적외 복사 에너지를 흡수한

지구를 감싸고 있는 대기. 지구 대기에 의한 온실 효과 덕분에 지구는 평균 기온 15°C 정도를 유지하게 됐어. (사진·픽사베이)

다는 물리적인 차이는 있지만, 온도를 높인다는 공통점에서 사용하게 된 거야.

이런 자연적 온실 효과가 작용하지 않았다면 지구도 태양계의 다른 행성이나 위성들과 다를 게 없었을 거야.

지구를 달과 비교해 보자. 지구에서 달까지의 거리는 40만km 가까이 돼. 지구에서 태양까지의 거리가 1억 5,000만km이니 달이 지구 뒤에 있을 때나 앞에 있을 때나 오십보

백보야. 하지만 지구에 있는 공기와 물이 달엔 없어. 그래서 달은 낮에는 150°C까지 올라가고, 밤에는 상상조차 할 수 없는 영하 150°C까지 내려가. 설령 달에 물이 있어도 액체로는 존재할 수 없겠지.

달처럼 대기가 없다면 지구도 마찬가지일 거야. 대기가 만들어 내는 온실 효과가 작용하지 않으면 다를 게 없어. 영하 150°C까지 내려가지는 않을지라도 밤에는 물이 늘 얼 수밖에 없잖아.

대기에 의한 온실 효과 덕에 지구는 연평균 기온 15°C 정도를 유지하니 인간과 많은 생명체가 살 수 있는 태양계의 골디락스 존이 됐어.

3장 공개수배

지구 온난화의 주범은 바로 인간 활동

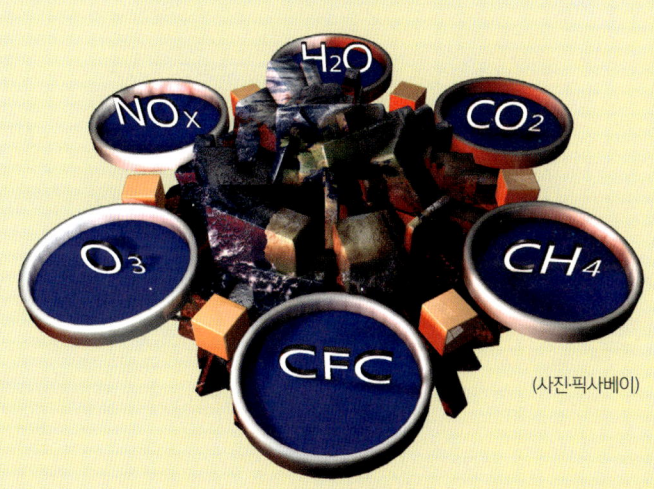

(사진·픽사베이)

인간 활동과 이산화탄소

역사를 샅샅이 뒤지다 보면 중국에서 당나라 이전에도 석탄을 사용한 흔적이 보여. 13세기에 원나라를 찾았던 마르코 폴로의 《동방견문록》에도 불타는 검은 돌, 석탄이 나오거든.

노벨상을 탄 스웨덴 과학자 스반테 아레니우스는 1896년 "이산화탄소 증가에는 인간 활동이 한 몫한다"고 하며 화석 연료에 따른 문제를 처음으로 제기했어.

화산 활동 같은 특별한 일이 없다면 자연 상태에서는 지구 대기 중 이산화탄소 양이 크게 달라질 일이 없어. 그런 상황을 잘 아는 아레니우스는 그 시기에 시작된 산업 혁명에 의한 이산화탄소의 증가를 걱정했어. 인간 활동으로 공장 굴뚝에서 뿜어져 나오는 연기를 보며 이산화탄소에 의한 온난화 위험을 처음 지적한 것이야.

당시 사람들은 아레니우스 이야기에 특별히 관심을 보이지 않았어. 이산화탄소라는 말을 아는 사람이 드물었기 때문이야. 그래도 아레니우스처럼 공장 굴뚝 연기를 걱정한 사람들도 있었

스웨덴의 과학자 아레니우스. 1896년 "이산화탄소 증가에는 인간 활동이 한몫한다"며 처음으로 문제를 제기했어. (사진·위키피디아)

어. 식물도 영향을 받는 게 눈에 보였고, 맨체스터의 후추나방처럼 느닷없이 동물의 색이 달라지는 것도 확인했기 때문이야.

지금은 전 세계 에너지의 90퍼센트 이상을 차지하고 우리 삶의 한 부분이 된 화석 연료 석탄, 석유와 이산화탄소의 관계가 처음으로 이야기되기 시작한 거야. 화석 연료에 들어 있는 탄소가 연소 과정에서 산소와 반응하면서 굴뚝으로 이산화탄소가 들어 있는 연기를 뿜어냈기 때문이야.

이산화탄소를 내뿜는 화석 연료. 불과 300년 전부터 본격적으로 사용되기 시작한 화석 연료는 연소되면서 이산화탄소를 내뿜어 지구 온난화에 큰 몫을 했어. (사진·픽사베이)

 화석 연료의 본격적인 사용은 불과 300년 전부터 시작됐어. 그 후 얼마 지나지 않은 20세기에는 중동 산유국들이 화석 연료인 석유로 세계에 위세를 부리지. 산유국이 기침 한 번 하면 한국 같은 자원 약소국은 독감에 걸린다는 이야기도 있을 정도였어.
 이렇게 세계 경제의 주역이었던 화석 연료는 이제 더 이상 쓸 수 없게 될 것을 걱정하기에 이르렀어. 여기에 이르는 과정에는 제임스 와트가 개량한 증기 기관이 큰 역할을 했어. 증기 기관이 영국의 산업 혁명을 이끌어 갔거든.

앞에서 살펴본 것처럼 이산화탄소를 비롯한 자연적인 대기 중의 온실가스는 지표에서 나오는 파장이 긴 복사 에너지를 잡아 두는 지구의 담요 역할을 하여 지구를 태양계의 오아시스로 만들었어.

온실가스뿐 아니라 구름도 온난화에 한몫하지만, 온난화를 일으키는 요소들을 이야기할 때 구름은 빠져. 대부분이 물인 구름은 상태에 따라 온난화에 주는 영향이 달라지므로 빼놓을 수 없는 요소인데도 말이야. 왜 그럴까?

구름은 적외 복사를 받아들여 온난화에 큰 역할을 하지만, 그 전에 지구에 도달하는 태양 빛을 반사시켜 복사 에너지 중 일부를 우주로 내보내며 균형을 맞추는 역할을 하기 때문이야.

또 구름의 종류나 위치, 만들어진 높이와 두께, 알갱이 크기 같은 특징에 따라 온난화를 증가시키는 구름도 있지만 오히려 약화시키는 경우도 있기 때문이야. 이런 특징들

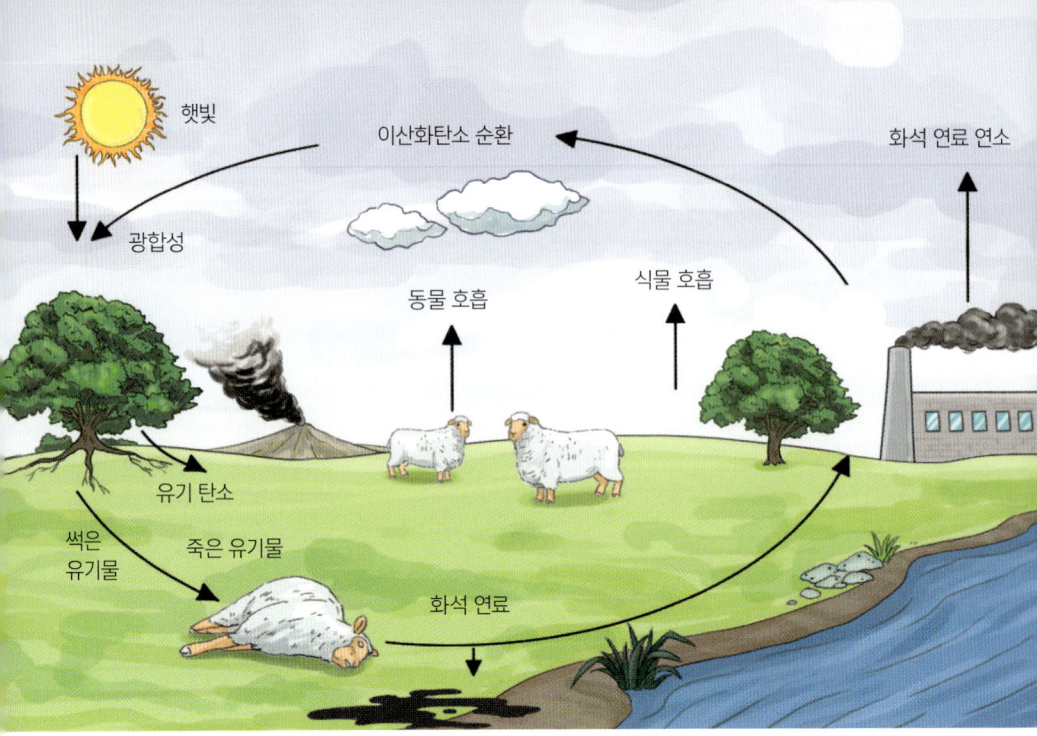

다양한 형태로 존재하며 돌고 도는 탄소 순환

의 작은 차이로 지구 온난화, 혹은 냉각의 정도가 달라져.

과학자들은 온난화로 지구가 따뜻해지면 수분 증발이 많아져 구름이 많아지고, 그에 따라 태양 에너지를 반사하는 양이 많아져 지구 온도를 낮출 거라 예상했어. 하지만 예상과 달리 기온이 높아질 때 구름의 두께가 오히려 얇아져 태양 빛을 반사하는 정도가 떨어진다는 연구 결과도 나왔어. 이처럼 구름이 만들어 내는 기후 변화에 대해서는 지금도 과학자들이 많은 연구를 하고 있어.

대기에 들어 있는 이산화탄소는 구름으로 들어가서 비를 약한 산성으로 만들면서 땅으로 내려와. 그리고 지면을 흐르면서 돌이나 흙, 또 유기물 생물체들의 쓰레기 등에서 탄소를 더욱 보충해 바다로 들어가지. 바다로 간 탄소는 대륙붕이라고 하는 얕은 바다에 사는 어류나 조개, 플랑크톤의 뼈와 껍질을 만들어.

그리고 탄소가 들어 있는 바닷속 유기체들의 사체가 바다 밑바닥에 가라앉아 쌓이면서 석회질 진흙을 만들어. 이런 상태에서 바닥 틈새로 흘러들면서 마그마 방으로 들어갔다가 나중에 화산 폭발 같은 활동으로 다시 대기에 포함되지. 원래 자리로 돌아온 거야. 이것이 탄소 순환으로, 물과 마찬가지로 탄소도 지구에서 다양한 형태로 존재해.

생명체의 기본인 탄소는 이산화탄소에서 온 것이야. 그러므로 탄소 순환은 이산화탄소에서 시작되어 다시 이산화탄소로 돌아오는 거야.

탄소는 광합성이라는 과정을 거치면서 생물권으로 들어

인간 활동에 의한 환경 파괴

가기도 하고, 먹이사슬에서 생산자와 소비자의 위치를 지나면서 호흡이나 배설물, 혹은 죽은 사체를 통해 다시 공기 중으로 들어가기도 해.

  탄소는 동식물뿐 아니라 바위, 흙, 물에까지 있어. 산소와 만나면 대기 중에 포함되지만, 알다시피 겨우 0.04퍼센트야. 하지만 생물체엔 없어서는 안 되는 물질이지. 사람들이 소중하게 생각하는 물처럼, 탄소도 순환하면서 지구 기후계에 결정적인 영향을 줘. 대기 상태만을 가지고 기후를

말할 수는 없어. 식물 같은 생명체도 기후에 영향을 미치기 때문이야.

인류가 걱정하는 이산화탄소 문제를 들여다보자. 산업혁명 이후 대기 중 이산화탄소는 그 전에 비해 35% 넘게 늘어났어. 늘어난 화석 연료 사용과 이산화탄소를 흡수하는 녹지와 산림 파괴 때문이야. 인간들이 대기 구성을 변화시키니 온실 효과로 인해 기후도 변하고 있는 거야.

결국 문제는 다시 인간이야. 인류의 활동으로 여러 가지 온실가스를 만들어 대기에 밀어 넣어 지구를 둘러싼 담요를 더 두껍게 만들고 있으면서 책임은 온실가스, 그중에서도 특히 이산화탄소에 떠넘기고 있는 인간들 말이야.

분명히 알고 가자, 온실가스!

인류 역사에서 온실가스라는 말이 처음 등장한 게 언제일까? 오스트랄로피테쿠스나 크로마뇽인은 온실가스라는 말은 들어 보지 못했겠지. 하지만 46억 년에 이르는 지구 역사에 온실가스는 늘 존재했어. 그러니 6,500만 년 전의 공룡뿐 아니라 그보다 훨씬 전의 삼엽충 같은 생명체들도 영향을 받았다는 이야기야.

하지만 사람들이 이 온실가스에 관심을 두기 시작한 건 겨우 200년 전이야. 1820년대에 조제프 푸리에라는 프랑스 학자가 일반인들이 갖는 의문 정도의 관심에서 온실가스 연구를 시작했어.

푸리에는 모든 에너지의 시작인 태양 빛에 관심을 가졌어. '이렇게 오랫동안 태양 빛을 받은 지구는 왜 태양 온도만큼 올라가지 않을까?'라는 의문을 품고, '지구의 평균 기온을 결정하는 것은 무엇일까?'라는 호기심을 가졌어. 다시 말해 여러 행성의 평균 기온이 왜 서로 다르고, 그렇게 만드는 원인이 무엇인가를 연구한 것이야.

프랑스의 과학자 조제프 푸리에.
1820년경 처음으로 온실가스의 역할에 관해 연구하기 시작했어.

연구를 통해 푸리에는 태양 에너지와 지표면의 적외선 복사 에너지 균형이 지구 온도를 결정한다는 결론을 내렸어. 대기권이 지구라는 온실의 유리 역할을 하고 있다고 본 것이야.

비슷한 시기에 스위스의 한 과학자가 태양이 대기를 뜨겁게 한다는 걸 확인하려고 만든 기계가 있었어. 일종의 태양열 측정 장치로, 어두운 코르크 상자 안에 온도계를 넣고 유리로 덮어 공기 중에 걸어 둔 온도계 온도와 비교했어.

푸리에는 이 '반사 온도계' 실험을 통해 대기가 빛 속에 들어 있는 복사열 진행을 방해해서 지구 온도가 올라가는 것이라 주장했어. 바다에서 방파제 같은 방해물이 없으면 파도가 더 멀리까지 퍼지잖아. 이런 물의 진동과 마찬가지로 지표면이 데워지며 내놓은 복사열을 지구 대기가 붙잡아 온실 효과가 만들어진다는 주장이었지.

태양에서 지구로 오는, 파장이 짧은 복사 에너지는 대기가 잡아 두지 못해. 그런데 지구에서 내보내는 적외선 복사 에너지는 빨강보다 파장이 길어 대기가 잡아 둔다고 생각한 것이야.

하지만 다른 사람들이 실험해 보니 대기의 대부분을 차지하는 질소와 산소는 복사 에너지인 적외선을 거의 흡수하지 못했어. 난감해진 푸리에도 다시 확인해 보았지만, 도대체 어떤 물질이 적외선 복사 에너지를 잡아 두는지 알아

낼 수 없었어.

대기에 관해 연구한 영국 과학자 존 틴들도 마찬가지였어. 적외선 에너지를 붙잡는 물질이 무엇인지 궁금해서 대기를 이루는 여러 물질을 연구하다가 드디어 결론을 내렸어. 대기의 대부분을 차지하는 하나의 원소로 이루어진 산소나 질소가 아닌 2개의 원소가 만나 만들어지는 물질이 적외선 에너지를 잡는다는 것이었어.

영국의 과학자 존 틴들. 이산화탄소와 수증기가 적외선 복사 에너지를 흡수한다는 사실을 처음으로 밝혀냈어. (사진·위키피디아)

원소 기호 CO_2가 이산화탄소야. C가 탄소, O가 산소야. 그러므로 이산화탄소는 탄소 1개와 산소 2개가 만나 만들어진 물질이야. 이런 걸 2원소 물질이라고 해.

틴들은 한 가지 물질을 더 이야기했어. 원소 기호 H_2O인 물이야. 물은 수소(H) 2개와 산소 1개가 만나 만들어져. 대부분의 과학자들은 대기는 적외선 에너지를 그냥 통과시킨다고 생각했지만, 틴들은 복사 에너지를 흡수하는 물질을 찾아낸 것이야.

이 결과에 아레니우스는 이산화탄소나 수증기가 적외선 복사 에너지를 잡아 둘 수 있다면 옛날에 왜 빙하기가 있었느냐에 의문을 가졌어. 빙하기라는 말이 생겨나면서 이런저런 연구가 한참 진행되고 있던 때였지. 늘 존재한 수증기와 이산화탄소이니 빙하기 때는 어떤 문제가 생겼다는 거 아니겠는가 하는 의문을 가진 거야. 아레니우스는 이산화탄소를 빙하기의 원인으로 생각했어.

지금도 가끔 사람들에게 공포를 주는 화산! 분출이든 폭발이든 엄청난 양의 가스가 먼저 나와. 화산 가스에는 이산화탄소도 많이 들어 있어. 이렇게 대기에 이산화탄소량이 갑자기 늘어났다면 온실 효과가 커지니 당연히 지구 온도가 높아졌을 것이야. 또 지구 온도가 높아졌으니 더 많은 물이 증발했을 것이야. 증발한 물은 수증기로 대기에 들어갔을 것이고, 이런 일이 자주 일어났다면 당연히 지구

엄청난 양의 가스를 뿜어내는 화산 폭발. 화산 가스에는 이산화탄소도 많이 들어 있어 화산 폭발은 온실 효과를 크게 하고 지구 온도도 높이게 돼. (사진·픽사베이)

기후에 영향을 주었을 거라고 본 것이야.

이산화탄소가 늘어나서 빙하기가 왔을 거로 생각하고 연구를 시작했던 아레니우스는 반대 상황의 결론을 내렸어. 오히려 이산화탄소가 줄어들어 온실 효과가 떨어지면서 빙하기가 온 걸로 본 것이야.

그러면서 아레니우스는 대기 중에 아주 조금뿐인 이산화탄소지만 반으로 줄거나 두 배로 늘면 기온도 5 °C 정도

낮아지거나 높아질 수 있다는 계산까지 해냈어.

이렇게 인류가 지구 온난화에 본격적으로 관심을 두기 시작한 건 100년도 안 돼. 200년 전의 온실가스 연구도 당시엔 인정받지 못했어. 여러 학자들이 연구를 계속하면서 비로소 문제시된 건 1972년 로마클럽 보고서였어. 그리고 1985년에 이산화탄소를 지구 온난화의 주범이라고 공표했어. 이때부터 이산화탄소가 인류에게 공포의 대상이 된 거야.

지구 온난화에 대한 불안 속에 과학자들은 나름대로 연구를 계속했고, 그 결과를 바탕으로 여러 약속을 통해 6대 온실가스를 지정해. 1987년의 교토 의정서는 인류가 처음으로 만들어 낸 약속으로, 여기서 이산화탄소를 비롯해 메테인(메탄), 아산화질소, 수소불화탄소, 과불화탄소, 육불화황을 온실가스로 지정했어. 이 가운데 이산화탄소 말고는 메테인이나 들어 봤을까? 어쨌든 문제의 온실가스는 이산화탄소 말고도 다섯 종류가 더 있어.

1988년, 기후 변화를 조사하고 연구하기 위해 UN은 전

돌고 도는 물의 순환

지구가 참여하는 '기후 변화에 관한 정부 간 패널'을 만들어.

약속이나 기구 같은 것들은 지구 온난화에 따른 두려움 때문에 만든 것들이니 그와 관련된 문제 상황들에 중점을 두었어. 때맞춰 미국항공우주국(NASA)도 지구 온난화 문제를 제기하면서 일반인들도 차츰 관심을 갖게 되었어.

그런데 수증기는 온실가스에 포함되지 않았어. 사실 온실 효과는 이산화탄소보다는 수증기가 큰 역할을 해.

60% 정도는 수증기 책임이고, 나머지 40%가 이산화탄소를 비롯한 다른 기체들 책임이야.

물의 순환을 떠올려 보자. 지구에 있는 물은 증발하면 수증기가 되어 하늘에 올라가서 뭉쳐져 물과 얼음이 되고 그것들이 모여 구름이 돼. 그러다 무거워지면 비, 눈으로 다시 땅으로 내려와. 지구 전체로 보면 수증기는 늘 그 양이 일정해. 태양이나 달, 아니면 다른 행성에서 물을 가져올 수는 없어. 다른 은하계까지 연결된 파이프가 있다면 모르겠지만······.

성경에 나오는 '노아의 홍수'도 과학적으로는 설명이 안 돼. 터키의 5,000m 넘는 아라라트산이 다 잠기게 할 정도의 비를 만들 물은 지구에는 없기 때문이야. 당시에 그 정도 물이 있었다면 지금은 다 어디로 갔을까?

이렇듯 지구의 수증기 양은 늘 비슷하지. 인간들이 대기에 들어 있는 수증기 양을 변화시킬 정도로 많은 양을 직접 배출할 수 없잖아. 수증기가 온실 효과의 많은 부분을 차지한다고 해도 온실가스에 포함하지 않는 이유야.

터키에 있는 아라라트산. 높이가 5,000m가 넘는 아라라트산은 성경에 나오는 '노아의 홍수'의 배경으로도 잘 알려졌어.

    물론 증발하는 수증기 양은 여러 가지 방법으로 조절할 수 있겠지만, 그렇다고 해서 지구에 존재하는 물의 양을 늘리거나 줄일 수 있는 건 아니잖아.

    비슷한 역할을 하는 게 하나 더 있다면 메테인이야. 메테인은 성층권에서 오존층을 파괴할 때 아주 적지만 수증기를 내놓을 수도 있거든.

온실가스도 등급이 있다?

여기서 의문이 생기지. 왜 이산화탄소를 비롯한 온실가스들은 지구에 들어오는 태양 복사 에너지를 모두 잡아 두지 못할까?

그건 태양이 상상도 할 수 없을 정도로 엄청난 양을 만들어 쏘아 대는 다양한 에너지 중 파장이 짧은 건 잡을 방법이 없기 때문이야. 대부분의 태양 에너지는 가시광선에 포함되지. 지구의 온실가스를 그물이라 생각해 볼까. 가시광선처럼 파장이 짧은 건 멸치, 지표면의 적외선 복사 에너지는 고등어 정도라고 생각해 봐. 지구의 온실가스 그물은 코가 커서 고등어를 잡을 수 있는 정도니, 파장이 짧은 멸치 수준의 가시광선은 문제없이 지구의 대기를 통과해서 우주로 나가.

파장이 긴 적외선 복사 에너지를 받아들인 온실가스들은 흔들거리며 빙글빙글 돌기도 하지. 여러 기체가 함께 있으니 대기의 대부분을 차지하는 질소와 산소도 이 움직임의 영향을 받겠지. 그래서 운동 에너지가 늘어나고 그로 인해 기온이 올라가. 온난 상황의 시작이야.

자연 상황이라면 대기 중에 아주 조금 들어 있는 메테인, 아산화질소, 오존 등은 자연적인 온실 효과를 도와주는 정도의 역할을 해. 문제는 인간 활동으로 인해 발생해서 대기 속으로 들어간 온실가스들이야.

온실 효과를 일으키는 데는 무엇보다 수증기가 큰일을 하고, 이산화탄소가 보조 역할을 해. 비가 자주 내려 습도가 높은 적도 같은 곳에서는 수증기나 이산화탄소가 늘어나도 온실 효과가 커지지는 않아. 하지만 춥고 건조한 극지방 같은 곳에선 수증기나 이산화탄소가 조금만 많아져도 온실가스 효과가 뚜렷하게 나타나.

　대기권도 마찬가지야. 지표면에 가까운 곳과 달리 더 건조한 편인 대기권의 상층부는 온실가스 농도가 같아도 온실 효과가 더 커져.

　인간 활동으로 인해 늘어난 온실가스를 한번 살펴보자. 자연에서 나오는 이산화탄소는 걱정할 수준은 아니었어. 인간 활동으로 늘어나기 전에는 대규모 화산 활동 같은 특별한 일이 일어나는 경우만 아니라면 어느 정도 균형이 이루어졌던 거야.

　산업 혁명 이후 인간들은 자기들에게 필요한 물건을 만들려고 화석 연료를 사용하면서 이산화탄소를 마구 뿜어 댔어. 거기다가 먹을거리가 필요하니 논, 밭을 만드느라 풀과 나무를 자르고 파헤쳐서 자연을 다 파괴했어. 이산화탄소는 계속 만들어 내면서 그걸 해결해 줄 식물체는 다 없앤 것이야.

　늘어나는 이산화탄소의 양을 그래프로 나타낸 킬링 커브에서 볼 수 있는, 이산화탄소량의 증가 정도는 자연현상만 가지고는 설명할 수 없는 수준이야.

　메테인도 자연에서 나오는 것보다 인간 활동으로 나오는 양이 더 많아. 화석 연료를 이용하는 발전소의 쓰레기, 가정이나 공장의 쓰레기, 쌀농사 등은 메테인을 발생시키는 대표적인 활동들이야. 20세기 이후의 대기 중 메테인의 양이 과거에 비해 엄청나게 늘어난 것만 봐도 인간 활동이 온실가스 증가에 얼마나 큰 영향을 미치는지 알 수 있어.

　자연에서 나오는 양만큼을 인간들이 만들어 내는 것으로 알려진 아산화질소는 메테인에 비해 공기 중에 더 오래 머물기 때문에 위험해. 아산화질소가 늘어난 주된 이유는 질소가 들어 있는 화학 비료 사용 때문이고, 그다음이 화학 약품 제조 과정 같은 산업 활동 탓이야.

　가장 큰 문제가 되는 건 할로겐이 들어 있는 가스들이야. 산업화 이전에는 존재조차 알지 못했던 이 가스들은 모두 대기 속에 머무는 시간이 엄청나게 길어. 메테인은 8~12년 정도면 사라지는데, 할로겐이 들어 있는 가스 중에는 수천 년 넘게 대기 속에 남아 있는 것도 있다고 해.

그래서 '장수 온실가스'라는 별명도 달린 게 이 가스들이야.

 온실가스들의 온난화 능력은 저마다 달라. 기체를 이루고 있는 물질이 다 다르니 당연한 거야. 가령 메테인은 이산화탄소보다 온난화 능력이 훨씬 강하지만 대기에 들어 있는 양이 워낙 적어 언급되는 정도가 이산화탄소보다는 적잖아.

 사람들은 온실가스들이 갖는 온실 효과 능력을 비교하기 위해 수치로 구분하지. 그중에 '기후 변화에 관한 정부 간 협의체'의 연구 팀은 가장 많이 이야기되는 이산화탄소를 1로 기준 잡고 같은 양의 온실가스들이 온난화에 기여하는 정도를 비교해 '지구 온난화 지수'라고 이름을 붙였어. 메테인이 21, 아산화질소는 무려 310이야. 더 놀라운 건 할로겐 가스 중엔 1만이 넘는 물질도 있으니 이건 정말 슈퍼 울트라 온실가스라 하지 않을 수 없는 정도야.

 배출량이 줄어드는 온실가스도 있어. 대기에 들어가면

다른 물질과 반응하여 바로 없어지거든. 그런가 하면 배출량이 줄어도 화학 반응 과정에서 오히려 늘어나는 것도 있어. 그러니 배출량과 대기 속에서 없어지는 정도를 비교해 어느 수치가 더 높은가를 확인해서 가늠해야 해.

이산화탄소는 식물의 광합성에 원료를 제공하고, 바다에 녹으면서 사라지기는 하지만 20% 정도는 수천 년 동안 대기 속에 남아 있어.

또한 이산화탄소는 수명 측정이 쉽지 않은, 아니 아예 정해진 수명이 없는 기체야. 바다에 녹아들거나 광합성 등을 통해 식생에 들어가는 게 20~200년 정도야. 나머지는 동굴의 종유석, 석순처럼 수천 년을 거쳐 풍화되거나 암석화되는 거야. 이는 곧 대기 속에 들어 있는 이산화탄소는 수천 년 동안 쉼 없이 기후에 영향을 준다는 이야기야. 그러니 지금부터 대기에 하나도 들어가지 않는다 해도 탄소 순환을 하면서 현재 수준을 유지하게 될 뿐이야. 모든 이산화탄소가 제거되는 일은 일어날 수 없는 거야.

대기에서 적은 양을 차지하는 메테인이나 아산화질소,

할로겐 가스 등도 수명이 있어. 메테인은 10년 정도, 아산화질소는 100년 남짓이야. 배출되는 정도를 조절해 앞으로 지금 수준으로 계속 배출한다고 생각해 보자. 메테인은 10년 정도, 아산화질소는 100년 정도 지난 후에야 점차 줄어들며 안정될 것이야.

영국의 엔지니어 캘린더. 인간 활동에 의한 이산화탄소 증가로 기온이 100년에 0.3°C쯤 높아질 거라고 예상했어.

증기 기관을 담당하던 영국인 엔지니어 가이 스튜어트 캘린더는 특이하게도 기상 통계에 관심이 많았어. 지구 이곳저곳의 기온을 관찰하던 캘린더는 기온이 높이 올라가는 지역에 관심을 뒀어. 1938년, 캘린더는 화석 연료가 연소하는 과정에서 대기에 포함되는 이산화탄소 때문에 온난화가 될 가능성을 계산해 발표했어.

캘린더도 인간 활동에 의한 이산화탄소 증가가 기온에

영향을 준다고 생각하고, 100년에 0.3°C쯤 높아질 거라고 예상했어. 하지만 지금의 우려와 다르게 캘린더는 그 정도의 기온 상승은 인류 발전에 도움이 될 수도 있다고 주장했어. 위험에 대한 사람들의 관심이 당연히 더 줄어들었어. "기후에 얼마나 많은 변수가 있는데 그깟 이산화탄소 정도가" 하는 식이었지.

그런데 전쟁이 끝난 후에 변화가 나타났어. 제2차 세계 대전은 인류에게 엄청난 피해를 주었지만, 무기 개발을 하면서 여러 과학 분야에서 대단한 발전을 이루는 계기가 되기도 했어.

경쟁적으로 진행된 로켓 연구가 한 예야. 지표 부분과 기압이 다른 대기권 위쪽에 이산화탄소가 늘어나면 지구에 생명체가 살 수 있도록 해 주는 자연적 온실 효과에 많은 영향을 줄 수 있다는 연구 결과가 나왔어. 때맞춰 런던에 끔찍한 스모그가 발생해 사람들을 공포에 몰아넣으면서 학자뿐 아니라 일반인들도 비로소 관심을 보였어.

한편 이산화탄소가 늘어나면 위험해질 거라는 주장을

과학자들이 믿지 못하게 하는 데 한몫한 건 바닷물이었어. 탄소 순환 과정에서 이산화탄소는 대기보다 바다에 수십 배 더 들어가. 그래서 과학자들은 이산화탄소가 늘어나면 바다에 녹아들 거로 생각했지. 바다가 이산화탄소의 평형자 역할을 한다고 본 거야. 하지만 해양학이 발달하면서 바다에 녹아들었던 이산화탄소 대부분도 다시 대기로 들어간다는 게 밝혀졌어. 역시 이산화탄소를 줄이는 거 말고 다른 방법은 아직 찾을 수 없는 상태야.

지금은 한 세기에 0.3°C가 아닌 1°C 이상의 기온 상승이 계산되고 있어. 100년에 겨우 1°C면 우리가 사는 동안에는 큰 문제는 없을 것이니 괜찮다는 생각은 버려야 해. 후손에게서 빌려 쓰는 지구니까. 1,000년 뒤 10°C가 높아진 지구를 상상해 봐. 우리 후손은 그 상황에서 어떻게 살아갈지……

킬링 커브

'국제 지구 관측년'이라는 것이 있었다. 인류의 보금자리 지구에 관한 관심 속에 진행된 연구로, 1957년 7월부터 1958년 12월까지 태양과 지구 관측이 행해졌다. 이산화탄소에 대해 좀 더 확실한 자료를 찾던 과학자들은 이 연구에서 많은 성과를 얻는다.

찰스 데이비드 킬링이라는 미국 과학자가 이 연구에서 이산화탄소량 측정 계획 담당자가 됐다. 킬링은 전 지구에서 인간 활동으로 대기가 뒤섞이지 않는 지역을 찾아낸다. 바로 남극과 하와이의 마우나로아산이었다. 이산화탄소의 양을 정밀하게 측정하는 게 목적이었으므로, 킬링은 실제로 증가하고 있는 이산화탄소의 양을 그래프로 제시했다. 이산화탄소에 따른 온난화 이야

미국의 과학자 킬링. 이산화탄소의 양을 정밀하게 측정하여 그래프로 제시했어.

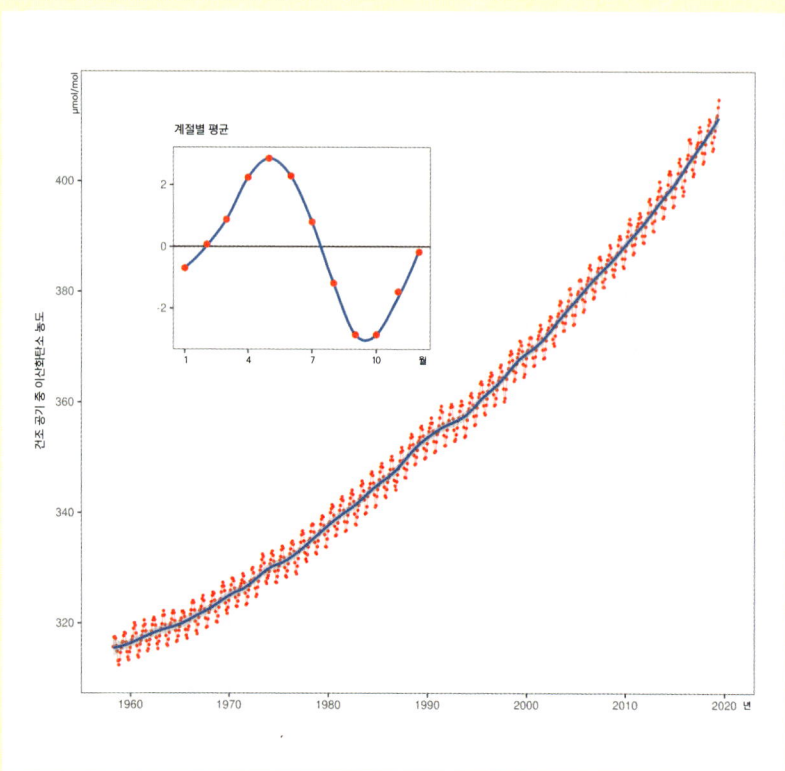

연도별 이산화탄소 평균 농도를 보여 주는 킬링 커브

기에 꼭 등장하는 킬링 커브가 이때 등장한 것이다. 그래프를 보면 측정 이래 줄어든 적 없이 늘 증가만 하는 것을 확인할 수 있다.

2년이 지난 뒤에도 킬링은 꾸준히 측정했다. 1958년에 측정한 결과가 315ppm이었다. ppm은 퍼센트의 1만분의 1로 아주 조금 들어 있는 물질의 양을 나타낼 때 쓰는 단위인데, 315ppm은 100만 개 중 315개라는 것을 나타낸다. 이렇게 보면 대기에 들어 있는 이산화탄소가 적다는 사실을 알 수 있다. 킬링이 꾸준히 측정한 결과, 1965년에는 320ppm, 10년 정도 지난 1975년에는 331ppm에 이르렀고, 오늘날에는 405ppm 수준이다. 꾸준히 늘어 온 것이다.

죽는 순간까지 마우나로아산에 있었던 킬링은 화석 연료가 연소하며 생겨난 이산화탄소의 절반은 자연에 녹아들고, 나머지는 대기에 포함된다고 판단했다. 연소가 계속된다면 문제는 다음이다. 킬링은 지구의 삼림이나 바다, 육지가 받아들일 수 있는 탄소의 양을 어림잡으며, 더 이상 진행되지 않을 때가 오지 않을까를 걱정했다. 인간 활동으로 발생한 이산화탄소 탓에 결국 자연환경이 파괴될 걸 걱정한 것이다. 자연에서 더 이상 받아들이지 못한 이산화탄소는 다시 인간에게로 돌아올 테니까……

이산화탄소 배출기, 화석 연료

 여러 가지 상황에서 탄소로 이루어진 동식물들이 땅속에 묻히게 돼. 그게 수천만 년 넘는 시간이 지나면서 높은 온도와 압력으로 변화가 일어나며 만들어진 게 석탄과 석유야. '화석화된 동식물의 유해'로 만들어졌으니 화석 연료라고 부르잖아.

 18세기 후반의 산업 혁명 이후 화석 연료를 많이 사용할수록 강대국이 되었고, 그걸 자랑이라도 하듯 미래를 생각하지 않고 이산화탄소 배출 경쟁을 해 왔어. 그 결과 이젠 주로 힘없는 나라들이 생태계 파괴로 인한 고통을 온몸으로 받고 있어.

원시 지구 대기의 많은 부분을 차지하던 이산화탄소는 우주가 아니라면 달아날 데가 없었어. 중력에 끌려 우주여행도 못 하고 지구에 남은 게 바로 화석 연료에 포함된 거야. 탄소 순환 과정에서 많은 이산화탄소가 여기저기에 자리를 잡으며 고정됐어.

생명체의 흔적과 함께 땅속에서 액체나 고체 속에 잠자고 있던 이산화탄소를 깨운 건 인간들이지. 인간들이 이산화탄소를 깨워서 순환 과정에 밀어 넣는 바람에 다시 대기에 들어갈 수밖에 없었던 거야.

화석 연료의 대표 선수는 석탄과 석유야. 석탄은 식물성, 석유는 동물성이라 구분하지. 이 밖에도 둘이 어떻게 다른지 석탄과 석유가 만들어지는 과정을 각각 살펴보자.

공기 중 산소와 접촉할 수 있는 환경에서 죽은 식물은 그냥 썩어. 그런데 그것들이 물속에 잠겨 있으면 산소와 접촉하는 데 한계가 있지. 죽은 식물이 쉽게 썩지 않고, 점차 죽처럼 변하거든. 이 상태가 한자 뜻대로 '진흙처럼 생긴 석탄'인 이탄(泥炭)이야.

진흙처럼 생긴 이탄. 땅속에 묻힌 이탄이 오랜 시간 압력과 열을 받아 단단해지면 석탄이 돼.

땅속에 묻힌 이탄이 압력과 열을 받으며 서서히 굳어서 석탄이 돼. 지구의 지질 연대기에는 아예 석탄기도 있어. 3억 년 전쯤인데 이 시기 지구를 뒤덮은 고사리 같은 식물체들이 땅속에 묻혀 만들어진 게 석탄이야. 석탄은 세계 어느 곳에나 있어.

근데 석유는 좀 달라. 석유의 주성분은 탄화수소야. 만들어지는 과정에 대해 확실하게 인정되는 설명은 없어. 그

중에서 석유의 시작을 바다 생물로 보는 생각이 가장 많이 받아들여지지. 육지와 가까운, 좀 얕은 바닷속에 살던 동물성 플랑크톤 같은 생명체들의 사체가 쌓여서 주변의 영향을 받아 변한 것으로 이해하고 있어. 물론 가해진 영향이 고열과 고압이란 건 석탄과 마찬가지야.

사람들이 이용한 에너지가 변해 온 과정도 살펴보자. 구석기 시대의 초기 인류 이후 계속 사용되며 지금에 이른 나무도 탄소가 중심인 유기물이야. 새카만 숯이 그걸 보여 주잖아. 그 후 사용된 화석 연료인 석탄과 석유도 앞에서 봤듯이 탄소가 서로 다른 형태로 저장된 거야. 에너지는 산업 혁명 시기에 나무에서 석탄으로, 그리고 19세기 후반에 이르러서는 석유가 더해졌잖아.

20세기로 접어들면서 석탄을 이용하는 증기 기관을 대신할 수 있는 내연 기관이 등장하지. 벤츠로 시작되는 자동차 엔진이야. 자동차를 사용하면서 운송 수단이 발달하며 석유는 최고 에너지로 확실하게 자리 잡지.

당시엔 석유에 대해 정확하게 알지는 못했지만, 옛날에도 인류가 석유를 사용했던 흔적은 찾아볼 수 있어. 이집트에서는 미라가 썩는 걸 막기 위해 썼고, 성경 속의 노아도 방주에 물이 스며들지 않게 하려고 역청을 사용했어. 아스팔트 도로를 만들 때 사용하는 역청은 석유를 다 만들어 내고 남은 찌꺼기잖아. 물론 옛날에 사용한 역청은 석유를 분리하지 않은 상태였지.

산유국에서 채취하는 원유가 역청과 비슷한데, 별별 게 다 들어 있어서 거의 검은 죽 수준이야. 인류가 이걸 등불로 사용한 흔적도 확인할 수 있지.

본격적으로 이 석유를 사용하기 시작한 건 미국이야. 1850년대, 전기가 없어 등불을 쓰던 시기에 미국 사람들은 연료로 쓰던 고래기름을 대신할 수 있는 물질을 찾았지, 석유! 사람들은 우물에서 물을 끌어 올리듯 땅을 파서 석유를 퍼냈어. 지금도 석유를 파내는 곳을 유정(油井)이라고 하는데, 이는 '기름 우물'이는 뜻이야.

등불용으로 처음 사용하기 시작된 석유는 수요가 늘어

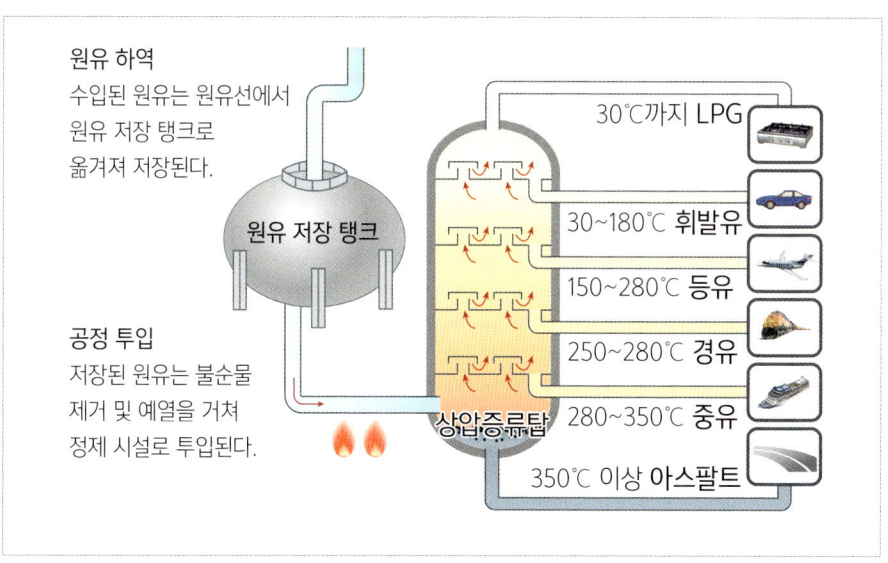

원유를 거르는 과정

나면서 유정을 소유해 부자가 된 사람들도 생겨날 정도였지. 그런데 에디슨의 백열전구가 세상을 밝히면서 석유의 가치는 갑자기 뚝 떨어졌어.

하지만 석유를 다시 불러낸 게 내연 기관인 자동차야. 자동차가 등장한 이후 죽 같은 원유에 열을 가해 끓는점이 조금씩 다른 물질들을 분리하며 맑게 거르기 시작했어. 그래서 원유가 지금 사용하는 것처럼 휘발유, 경유, 등

유로 나누어지게 된 거야. 그때부터 석유는 지구의 에너지원 중 최고 위치에 올랐어.

  화석 연료는 지금도 에너지 자원으로서 최고 자리를 차지하고 있어. 석유는 에너지로 쓰일 뿐만 아니라 여러 화학 산업의 원료로도 쓰이고, 석탄은 생산량 대부분이 화력 발전 연료로 쓰이잖아.
  앞에서 땅과 바다와 하늘을 돌고 도는, 물로 만들어지는 온실가스 수증기의 양은 조절할 방법이 없다고 했는데, 어찌 보면 이산화탄소도 거의 비슷해. 화산이나 인간 활동 같은 특별한 경우가 아니라면 땅과 바다와 하늘을 돌고 도는 이산화탄소도 큰 변화가 없을 테니까.
  탄소는 대기권에서는 이산화탄소 같은 기체로, 물에서는 이온으로, 땅에서는 기체와 액체로 존재해. 이온이란 건 가장 작은 단위의 알갱이야. 원자나 분자가 전자를 잃거나 얻으면 전기를 띠게 되는데 이게 이온이야. 이온이 되면 다른 물질과 잘 결합할 수 있어. 예를 들어 우리가 먹

산성비에 녹아 내려 뭉개진 조각상. 대기 중의 이산화탄소가 빗물에 녹으면 산성비가 만들어져 대리석이나 시멘트 건물에 피해를 줘. (사진·위키피디아)

는 소금은 나트륨 이온과 염소 이온이 만나 결합한 염화나트륨이야.

 탄소도 물속에서 탄산 이온과 탄산수소 이온으로 있다가 공기나 생물체의 몸속으로 들어가거나, 다른 물질과 결합해 새로운 물질이 생겨나지.

 대기에 들어 있는 탄소는 아주 단순해. 비가 내릴 때 물속에 녹아들거나 식물의 광합성 과정에서 생물체로 옮겨가. 원시 지구에 내린 비나 아마존 밀림의 호우도 산성을

산성비로 말라 죽은 숲. 인간 활동의 영향으로 만들어진 산성비는 자연에 큰 피해를 남기기도 해. (사진·픽사베이)

떠. 이산화탄소가 많던 원시 지구는 몰라도 오염도 안 된 아마존에 왜 산성비가 내릴까? 대기에 들어 있는 이산화탄소 같은 물질이 빗물에 녹으면 탄산수가 되는데, 탄산이 들어 있으니 산성비인 것이야.

 이 산성비 문제에서도 인간들은 자유롭지 못해. 인간 활동 과정에 연소한 화석 연료를 비롯한 여러 산성 물질이 대기에 들어가면서 빗물의 산성도가 훨씬 높아진 게 지금

인류가 걱정하는 산성비잖아. 식초보다 강한 산성을 띤 비가 내리니 식물은 물론 대리석이나 시멘트 건물까지……. 결국 피해는 인간들 스스로 겪잖아.

 이젠 심각하게 고민해야 해. 그러면 탄소 배출기 화석 연료를 대신할 수 있는 청정 연료는 없는 걸까? 바람이나 태양열 등 청정에너지를 찾기 위한 인간들의 노력은 이어지고 있지만, 아직은 이걸 대신할 수준의 확실한 방법이 없으니 고민!

물과 친한 이산화탄소

사람들은 탄산음료를 마신다. 설탕 빠진 사이다 같은 맛이 나는 게 천연 탄산수다.

프리스틀리는 맥주를 만들 때 나오는 이산화탄소의 거품을 모았다. 그 거품 사이로 물을 통과시키니 사람들이 좋아하는 천연 탄산수 맛이 났다. 나중에는 거품이 가득 든 병에 물을 붓고 흔들기도 했다고 한다. 이렇게 해서 이산화탄소가 포함된 인공 탄산수가 시작된 것이다.

사실 기체는 물에 잘 녹지 않는데 이산화탄소는 물을 좋아하는 편이다. 산소보다 25배, 질소보다 50배 정도 물에 잘

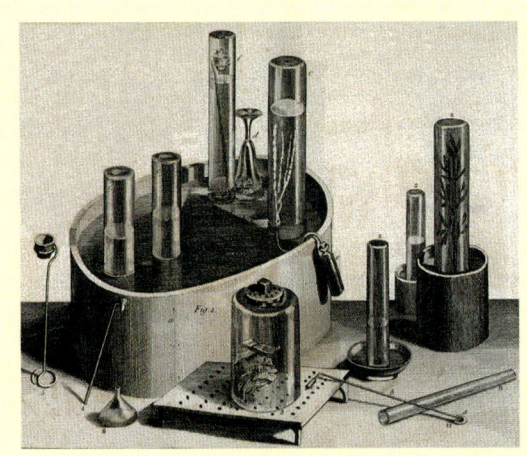

프리스틀리가 탄산수를 만들 때 사용한 기계. 이산화탄소 거품 사이로 물을 통과시켜 만들었어.

녹는다. 탄산음료는 이산화탄소의 이런 성질을 이용해서 만든 것이다.

하얀 이와 깨끗한 입안을 약속하는 양치액은 프리스틀리의 탄산수를 흉내 내 만들어진 것이다. 그리고 나중에 여기에 설탕을 넣어 탄생한 게 콜라다. 지금은 이빨에 문제를 일으킨다고 주의하는 콜라의 시작이 양치액이었다니?

탄산음료를 즐기는 이유는 바로 톡 쏘는 맛! 그 맛을 제공하는 게 탄산가스의 거품이다.

캔이든 병이든, 막힌 공간의 탄산음료에는 이산화탄소가 들어 있다. "김 빠지다." 탄산이 들어 있는 음료를 두고 가끔 하는 말이다. 피자나 치킨을 먹다 콜라가 남으면 어떻게든 나중에 한 번 더 먹으려고 뚜껑을 꼭 막아 보는데 결과는 실망이다.

어쩔 수 없다. 음료 속에 든 탄산가스는 압력이나 온도 등 별별 방법을 다 동원해 억지로 밀어 넣은 것이니, 조건이 맞지 않는다면 기체는 공간에서 탈출하려 노력한다. 공장에서 사용한 방법을 집에서 무슨 재주로 다가갈 수 있을까? 그저 마개로 꼭 막아 두는 방법 말고는 도리가 없다.

인간은 온실가스 제조기

이산화탄소는 화석 연료가 연소하면서 대기로 들어가는 것이 가장 많아. 지금은 자동차를 비롯한 교통 기관이 배출의 많은 부분을 차지하지만, 예전엔 상품 제조나 난방, 발전 등도 많은 부분을 차지했어.

인간 활동 과정에서 온실가스들이 대기에 들어가는 경우를 좀 더 살펴보자.

이산화탄소

시멘트 원료는 석회석이야. 석회석은 탄산칼슘($CaCO_3$)으로 이루어져 있는데, 원시 지구에 많았던 이산화탄소가 땅속이나 바다에 흡수되며 모여서 굳어진 거야. 탄산칼슘이란 화학식에서 탄소가 들어 있다는 것을 확인할 수 있잖아.

시멘트는 탄산칼슘 덩어리인 석회석을 1,400°C 정도로 가열해야 얻을 수 있거든. 자기 그릇을 만드는 온도니 열을 얻으려면 화석 연료를 엄청나게 많이 사용해야 해. 게다가 이렇게 가열된 석회석이 시멘트와 이산화탄소로 나뉜다는 것도 문제야. 요즘에는 기술이 발달해 나아졌다지만, 1t 정도의 시멘트를 만들 때 300kg 이상의 이산화탄소가 만들어져. 그래서 시멘트를 지구 온난화의 주범으로 꼽는 경우도 많아.

메테인

요즘 압축 천연가스(CNG) 표시가 되어 있는 버스를 쉽게 볼 수 있어. 환경 오염을 줄이자고 사용하는 천연가스야.

도시가스로 사용하는 액화 천연가스나 자동차 연료로 사용하는 압축 천연가스는 주성분이 메테인이니 화석 연료에서 벗어날 수는 없어. 메테인은 탄소가 들어 있는 생명체 유기물이 물속에서 부패, 발효되면서 만들어지는 가스로 늪지대나 석탄층에 있다가 나오게 돼.

 탄광에서 발생하는 폭발 사고는 메테인 가스가 문제가 된 경우가 많아. 천연가스와 석탄 가스 주성분인 메테인은 여러 경제 활동 중 농업이 번성하면서 대기에 들어가게 됐는데, 지금은 예전만큼 뚜렷한 증가가 나타나지는 않아.

 자라는 소의 수에 따라 목장주에게 메테인 세금을 매겨야 한다고 주장하는 환경 전문가들도 있어. 바로 소의 방귀와 트림 탓이야. 초식 동물인 소의 방귀와 트림은 온실가스 그 자체! 소 한 마리가 1년 동안 배출하는 메테인이 100kg 정도고, 이산화탄소는 무려 2,300kg에 이른다는 통계도 있으니 이런 이야기가 나올 만도 하지. 1,000ℓ 정도의 휘발유가 연소할 때 배출되는 온실가스를 소 한 마리가 내놓으니 말이야.

 메테인이 물과 결합하여 마치 얼음처럼 고체 상태를 유지하고 있는 물질인 가스 하이드레이트는 불타는 얼음이야. 일본은 독도 근처 바다에서 이걸 퍼내 연료로 쓰겠다고도 했지. 이걸 바다에서 퍼낼 때 대기에 들어갈 메테인을 생각하면 상상만으로도 끔찍한 일이야. 만일 이런 일이 일어나면 메테인은 아주 위험한 연료가 될 거야. 메테인 온난화 지수가 이산화탄소의 21배 이상이라는 점을 잊어서는 안 돼.

불타는 얼음 가스, 하이드레이트. 메테인이 물과 결합하여 마치 얼음처럼 고체 상태를 유지하고 있는 물질이야. (사진·위키피디아)

지구 온난화 과정에서 점점 줄어들면서 사람들을 공포로 몰아넣고 있는 빙하는 얼음으로 덮여 있지만 정확하게 말하면 습지야. 그런데 빙하의 얼음이 녹으면 습지에 있던 유기물이 썩고 발효되면서 메테인이 배출되겠지. 또 이미

썩은 상태에서 얼어 고체 형태로 존재하던 메테인은 그대로 공기 중으로 들어가니 상상을 초월하는 지구 온난화가 일어날 것이야.

지구 생명체의 멸종과 관련된 기후 재앙 중 시베리아의 화산 활동으로 배출된 메테인이 주요 역할을 한 일도 있어. 늘 관심을 두고 살펴야 할 부분이지.

아산화질소

아산화질소(N_2O)를 처음 발견한 사람은 영국의 과학자이자 목사였던 조지프 프리스틀리야. 탄산수 기억나지?

냄새가 달콤한 이 기체는 색이 없고 사람이 마시면 신경에 영향을 줘. 다쳐도 고통을 느끼지 못하며, 얼굴이 웃는 모습으로 변해. 그래서 처음에는 '웃음 가스'라는 별명으로 사람들에게 알려졌어. 지금도 간단한 외과 수술할 때나 치과 치료할 때 마취용으로 사용해.

하지만 지구 온난화를 이야기할 때는 절대 웃음 가스가 될 수 없어. 온난화 능력이 이산화탄소의 300배 이상이기

배설물에서 아산화질소를 발생시키는 홀스타인 얼룩소. 아산화질소는 온난화를 일으키는 온실가스 가운데 하나야. (사진·픽사베이)

때문이야.

 인간들이 버리는 우유가 지구 온난화를 부채질한다는 말이 있는데, 이게 바로 아산화질소와 관련이 있어. 우유는 누렁소가 아닌 홀스타인이라는 얼룩소에서 얻는데, 홀스타인의 배설물에서 아산화질소가 많이 발생해. 그러니 우유를 버리면 홀스타인이 배설한 그 양 정도의 아산화질소를 공기 중으로 뿜어 대는 것과 마찬가지란 거야.

 아산화질소도 산업 혁명 이후 대기 중 농도가 높아지기

시작했고, 지금은 오존층 파괴 가스로도 지목되고 있어.

　게다가 질소는 식물들에 아주 중요한 비료야. 인간들의 농업 활동에 많이 사용되는 건 당연하지. 이처럼 인류의 농경 활동에서 많이 배출되고, 바다나 육지에서 자연 방출되는 것도 있으니 어쩔 수 없이 걱정되는 온실가스 중 하나야.

할로겐 함유 가스

　원시 지구부터 존재한 이산화탄소가 인류를 만난 건 불을 사용한 호모 에렉투스를 따져도 길어야 100만 년 정도야. 그런데 그 후예들인 인간들이 할로겐 함유 가스를 접한 건 100년도 채 안 돼. 이 가스들은 종류가 꽤 많아서 그냥 함께 묶어 '할로겐 함유 가스'라고 부르지. 이 가스들에는 불소, 염소, 브롬, 아이오딘처럼 비슷한 성질을 갖는 물질들이 들어 있어.

　불소는 치약 때문에, 염소는 표백제나 화장실 청소 세제에 들어 있어 꽤 익숙하지만, 다른 건 낯선 물질들이지. 이런 것들이 기체가 돼 대기에 포함된 건 인간 활동 때문인 것이 확실해. 옛날에는 자연에서 발생하는 정도를 확인할 수 없는 수준이니 거의 몰랐던 기체들이야. 과학 기술의 발달 탓에 생긴 문제야. 여러 가지 물질을 합성해 새로운 물질을 만들어 내면서 이것들이 대기에 들어가 문제가 된 거야.

제2차 세계대전 이후 화학 기술이 발달하면서 이런 가스들은 여기저기서 경쟁하듯 발표되기 시작했어. 에어컨에

에어컨 실외기. 에어컨에 사용하는 프레온 가스도 온실가스 가운데 하나인 할로겐 함유 가스야.

사용하는 프레온 가스가 바로 할로겐 함유 가스의 대표 선수야. 프레온은 과학 용어도 아니야. 스카치라고 부르는 비닐 테이프처럼 프레온도 단지 상품 이름이거든.

이 물질들이 문제가 되기 시작한 건 오존층 파괴 때문이었어. 성층권에 있는 오존은 대기가 잡아 주지 못하는 파장 짧은 자외선을 막아 주므로 지구의 생명체들, 특히 인간에게는 아주 소중한 존재야. 살갗을 태우는 자외선은 화학선이니 많이 쐬면 피부암에 걸릴 위험이 있잖아. 그만큼 생명체에 좋지 않다는 이야기지. 그런데 프레온 가스가 오존과 만나면 오존을 산소로 변화시켜 오존층이 얇아져.

프레온 가스가 오존층을 파괴한다는 사실을 알게 됐어. 깜짝 놀란 인간들이 프레온 가스가 들어가는 상품의 제조나 유통을 아예 막아 버린 건 당연한 일이야.

하지만 교활한 인간들은 상품을 계속 생산하기 위해 곧바로 프레온 가스를 대신할 수 있는 물질을 만들지. 회사들은 신이 났지만, 또 문제가 생겼어. 오존에 가해지는 영향은 줄었지만 대기에 들어간 새로운 물질들의 온실 효과가 놀랄 만큼 컸기 때문이야. 이산화탄소 온난화 능력의 1만 배가 넘는 가스도 생겨났거든.

별수 없는 인간들은 '몬트리올 의정서'라는 전 지구적인 약속까지 만들어 사용을 막고 있어. 하지만 미국처럼 이 물질로 많은 이익을 얻는 나라 몇몇이 이 약속에 참여하지 않으면서 계속 사용하며 문제가 되고 있어.

프레온 가스는 점점 줄어들고 있고, 그 뒤를 이은 다른 가스들은 2030년까지는 생산을 못 하게 하는 약속은 했어. 문제는 아직도 이 물질들의 대기 중 농도가 높아지고 있다는 사실이야. 할로겐 함유 가스의 온실 효과를 보면 인간들이 온실가스 제조 로봇이나 다름없다는 사실을 깨닫게 돼.

에어로졸과 오존

이게 다였으면 하는 마음이 생기겠지만 끝이 아니야. 이번엔 먼지! 난데없는 먼지이니 그럴듯한 이름이 필요하지, 에어로졸이 문제의 주인공이야. 자연에서 생겨나 대기에 포함되는 먼지도 있지만, 여기서 다룰 건 역시 인간들이 만들어 내는 먼지야.

먼지는 크기나 농도, 또 이루고 있는 물질에 따라 기후에 영향을 주거든. 화석 연료나 식물 같은 생물체들이 연소할 때 나오는 연기에 들어 있는 화합물과 검댕이 문제야. 광산, 시멘트 공장이나 채석장에서 큰 돌을 깰 때 나오는 먼지도 마찬가지야. 소금 먼지나 화산 폭발 등으로 대기에 들어가는 자연 먼지보다 그 양이 엄청나게 많은 탓이지.

뜻밖의 온실가스도 있어, 바로 오존! 20~25km 높이에 있는 오존층은 자외선을 막아 주고, 소독할 때 쓰이는 오존은 기분을 상쾌하게 하는 느낌을 주잖아. 문제는 할로겐 함유 가스 중 일부가 오존층을 파괴한다는 거야. 그래서 남극 대륙 쪽 오존층에 구멍이 생긴 뒤로 더 이상 그 기체는 사용하지 않기로 약속했어.

오존은 산화력이 강해 폐를 구성하는 세포들을 상하게 하는 가스거든. 오존 농도가 짙음을 알리는 주의보가 내리면 조심해야 하는 이유야. 라디오존데 같은 기상 관측 기계나 위성 촬영으로 오존 농도를 측정해 시시때때로 예보하는 것도 그 때문이지.

　오존도 저절로 존재하는 물질은 아니거든. 인간 활동 속으로 대기 중에 일산화탄소, 탄화수소, 아산화질소 같은 여러 물질이 계속 들어가면서 오존이 만들어져 대류권의 포함 정도를 증가시킨 거야.

　살펴본 것처럼 어떤 기체 하나만 가지고 온실 효과에 의한 지구 온난화 문제를 이야기할 수는 없어. 기체마다 성질이 다르니 기후에 영향을 주는 정도도 다 다르기 때문이야. 게다가 어떤 건 바로 없어지지만 반대로 수천 년 동안 그냥 대기 속에 남아 있는 기체도 있거든. 그러니 순간순간 어떤 온실가스를 그래프로 나타내는 것도 문제는 있어.

　그래도 주의해야 할 부분은 분명하게 짚어야겠지. 지구 온난화 문제를 오로지 온실가스 탓으로 돌리기 전에 한 번이라도 생각해 봐야 하는 건 그게 인간 활동 탓에 늘어난다는 걸 먼저 생각해야겠지.

'조용한 살인자' 미세 먼지

1995년 이후 인류를 공포에 빠뜨렸던 스모그, 황사 자리에 미세 먼지라는 또 다른 이름이 등장했다. 이후 사람들은 일산화탄소, 질소산화물, 황산화물, 총먼지, 미세 먼지, 휘발성 유기 화합물, 암모니아 등 7개의 대기 오염 물질을 관리하기 시작한다. 그 후 초미세 먼지와 검댕이 추가되면서 지금은 9개의 대기 오염 물질을 관리하고 있다. 우리나라는 2014년에 미세 먼지, 2015년에 초미세 먼지 예보를 시작했다.

대기에 떠다니는 먼지가 있는 건 당연한 현상이다. 이것들을 보통 분진이라 부르는데, 과학에서는 알갱이 크기로 구분하며 에어로졸이라 부른다. 연무, 먼지, 연기, 훈연, 안개, 박무, 스모그, 검댕 등이 다 여기에 포함된다. 기체 상태뿐 아니라 스모그처럼 미세 연기나 먼지 알갱이가 낀 연무에, 알갱이 수준의 검댕까지 있으니 알갱이 크기로 나누는 것이 가장 좋은 방법이다.

이러한 분진들도 알갱이 크기가 70마이크로미터(μm)를 넘으면

서울 하늘을 뒤덮은 미세 먼지. 먼지 알갱이의 크기가 1m의 100만 분의 1인 μm라는 단위를 써야 할 만큼 작아서 '미세 먼지'라는 이름표를 달았어.

중력을 이기지 못해 바닥에 가라앉는다. 그래서 크기가 70μm보다 작은 것들을 부유 먼지로 구분한다. 보통 어린이 머리카락 굵기가 50~70μm니 알갱이 크기가 그보다 작은 것들을 일컫는다.

황사나 화산재처럼 자연환경에서 만들어진 것과 대기 중에서 서로 다른 물질이 반응하여 만들어진 물질들 모두가 먼지로 불리며 떠다닌다. 이 먼지 중에 꽤 많은 양은 사람에게 직접적인 피해를 주지는 않는다. 코털이나 기관지의 섬모 같은 차단 장치가 있는 우리 몸이 기침, 재채기 등 여러 방법으로 먼지의 침입을 막기 때문이다.

문제는 이런 차단 장치들을 통과할 수 있는 작은 먼지들이다. 알갱이가 1m의 100만 분의 1인 μm라는 단위를 써야 할 만큼 작아서 '미세 먼지'라는 이름표를 달았다. 미세 먼지 예보에서 자주 볼 수 있는 PM10은 알갱이 크기가 10μm라는 뜻이다. 너무 작아서 콧물이나 가래에 걸리지 않고 폐까지 가서 쌓인다. 몸속에서는 이 낯선 물질을 없애려 면역 체계가 가동되면서 염증을 일으키기도 한다.

알갱이 크기가 2.5μm보다 작아 PM2.5나 PM1로 표시돼 이름표에 '초'를 덧붙이는 초미세먼지들은 더 큰 문제다. 워낙 작아 가라앉을 일이 거의 없어서 오래 떠다니니 우리 몸에 들어올 기회가 상대적으로 많고, 혈관을 따라 폐가 아닌 다른 기관으로 이동할 가능성도 크다. 그리고 이동하는 과정에서 염증 상황을 만나면 쉽게 반응한다.

또 알갱이는 작지만, PM10과 비교하면 상대적으로 겉넓이가 넓어 대기 속의 유해 물질들이 붙을 공간이 많고, 농도가 높아지면 빛의 산란과 흡수가 일어나 앞이 잘 보이지 않는다. 게다가 습도가 높으면 수분까지 빨아들이기 때문에 상황이 악화하며 앞이 더욱 안 보이게 된다.

미세 먼지도 인간 활동으로 만들어진다. 런던 스모그의 가장 큰 원인이 석탄이었는데, 사용이 줄어든 오늘날에도 미세 먼지가 많아지는 이유는 무엇인가?

　산불이나 황사 같은 모래바람, 화산재 등에서 나오는 자연적인 발생과 함께 물질을 태우거나 요리하는 과정 등에서 만들어지는 먼지가 1차 원인이다.

　문제는 대기 속에서 서로 다른 물질이 만나서 만들어 내는 것들인데, 주로 발전소, 자동차 배기가스, 냉난방기에서 나오고 메탄올, 벤젠 등의 유기 용제를 사용할 때 나온다. 질소산화물, 황산화물 같은 대기 오염 물질을 가장 많이 배출하는 산업체는 발전소, 제철소, 시멘트 공장과 원유를 정제하는 정유소다.

　초미세 먼지의 많은 부분을 차지하는 질소산화물은 경유를 연료로 하는 디젤 엔진의 연소 과정에서 많이 배출된다. 천연가스에 비해 경유 차가 20배 넘게 배출하므로 초미세 먼지가 심한 날에 엔진이 낡은 오래된 경유 차의 운행을 제한하는 것이다.

　대기와 대재앙이 만나 '공기 재앙'이라는 새로운 단어까지 국제화된 상황으로, 미세 먼지는 사람뿐 아니라 자연에도 바로 영향을 남긴다. 대기 속의 이산화황, 이산화질소가 비에 녹아들면 강한 산성비가 되어 토양과 물을 산성화시킨다. 지구 전체의 생태계를 파괴하는 것이다

4장
마지막 변론

결국 우리 스스로
해결해야 할 문제

(사진·픽사베이)

인간들이 해결해야 한다

　산업 혁명과 함께 인간들이 화석 연료를 무분별하게 사용하기 시작하면서 많은 문제가 계속 발생해 왔어. 먼저 런던 스모그로 기억되는 대기 오염, 독일 중부를 비롯한 동유럽 일대의 숲과 그리스-로마 유적의 손상을 가져온 산성비, 이제는 지구 온난화까지 이르렀어. 덤으로 미세 먼지까지!

　이런 상황에 이르니 인간들도 어쩔 수 없이 어떻게든 탄소를 줄이려고 여러 가지 활동을 시작했어. 국가 수준의 탄소세나 국가 사이의 탄소 배출권 거래 등이 그것들이야.

　그 가운데 2006년 영국에서 시작한 '탄소 발자국 줄이기'가 있어. 인간을 비롯한 동물들이 움직이면서 남긴 발자국들은 비바람에 쉽게 지워지잖아. 하지만 생활하면서 자기도 모르게 만들어 내는 탄소 발자국은 어떨까? 탄소 발자국이란 건 인간들이 사용하는 전기, 자동차, 난방 등을 통해 발생한 이산화탄소와 음식이나 옷, 화장지, 스마트폰 등 생활용품을 만들 때 발생시킨 이산화탄소의 양을 수치로 나타낸 거야.

영국에서 물건을 만들 때 발생시킨 이산화탄소의 양을 표시하기 시작했는데, 이제는 영국뿐 아니라 세계 각국에서 쓰이고 있는 탄소 발자국에 한 번쯤 관심을 가져 보면 어떨까? 그러다 보면 스스로 탄소 발자국을 줄이려 노력하는 모습도 갖게 되지 않을까?

음식 재료를 생산하고 소비를 위해 조리하는 과정에서 나오는 온실가스도 탄소 발자국의 많은 부분을 차지해. 쇠고기가 주가 되는 설렁탕 대신 채소를 이용한 음식을 먹는다면 탄소 발자국은 그만큼 작아진다는 이야기야.

비슷한 상황에서 과일도 한 번 살펴보자. 시원하고 달콤한 냉동 망고는 우리나라에서 재배된 게 아니야. 냉동 망고의 탄소 발자국을 짚어 볼까. 필리핀에서 오는 경우야. 우리나라까지 오려면 배를 이용해야 하고, 냉동 창고에 보관하며 가져와야 해. 이것만으로도 엄청난 탄소 발자국이 만들어질 거야. 그러니 냉동 망고 대신 가까운 곳에서 재배해 얼린 연시를 먹는 게 바로 탄소 발자국을 줄이는 행동인 거야.

나라별 탄소 배출량으로 만든 발바닥 모양의 그래프(118~119쪽)를 보면 우리나라가 두 번째로 큰 발가락, 곧 지름이 큰 축에 속하지. 우리나라가 탄소를 많이 배출하는 나라 중 하나라는 뜻이야. 인구수나 나라 면적을 감안해 보면 중국이나 미국, 인도와 비교가 안 될 만큼 한 사람이 배출하는 양이 많은 셈이야. 이제 우리도 탄소 배출량을 줄일 방법을 찾아야만 해.

다시 한번 말하지만, 탄소의 20% 정도는 식물이 광합성을 통해 사용하고, 30%가 좀 넘는 양은 바다로 흡수돼. 나머지 40% 정도가 대기에 들어가니 대기 중 이산화탄소의 농도는 당연히 증가할 수밖에 없잖아. 끊임없이 순환하며 지구를 태양계의 오아시스로 만들어 주는 탄소가 자연 속에만 존재한다면 아무 문제도 없는데 인간 활동이 자신에게 고통을 만들고 있어.

 이산화탄소를 위한 변론은 이산화탄소를 위해서 한 게 아니야. 인간들은 지구를 후손들에게 빌려서 쓰고 있다고 말은 하면서도 문제 해결에는 확실한 의지가 없잖아. 21세기 안에만 지구의 평균 기온은 최소 1.1℃에서 최대 6.4℃까지 오를 수 있다고 추정해. 물론 지역에 따른 차이야 좀 있겠지만 이건 전 지구적인 문제야. 강수량 변화에 따른 문제가 발생할 것이고, 동토와 빙하가 녹으면 해수면이 상승할 것이야. 그 피해는 고스란히 인간들이 입을 것이고, 농업 문제 등이 발생하면서 기후 난민들도 생기겠지.
 사람들 개개인의 활동뿐 아니라 국가 단위의 노력이 우선이야. 단지 관심을 가진 몇몇 사람의 노력이 아니라 전 지구적인 협력이 꼭 필요한 전 지구의 문제일 수밖에.

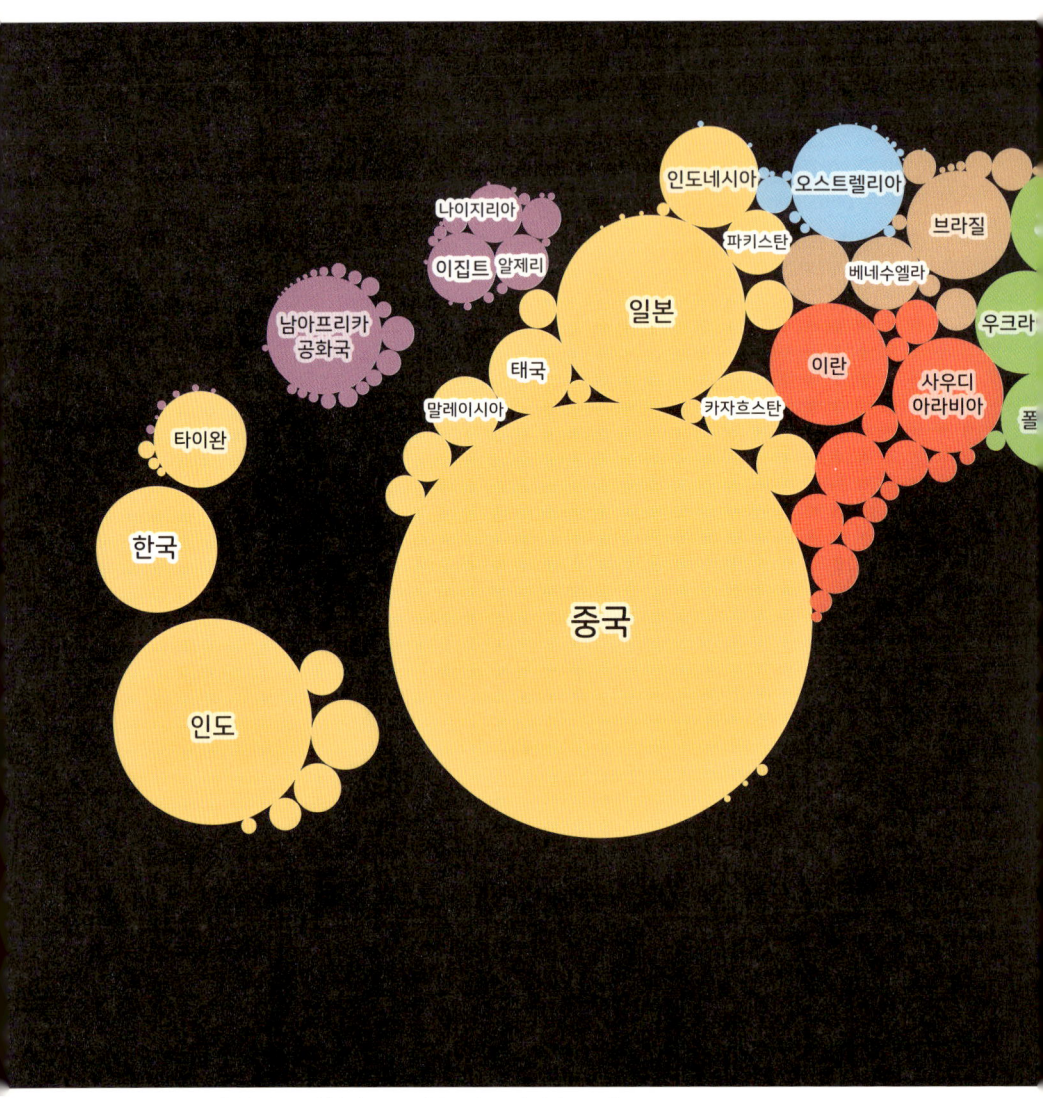

나라별 탄소 배출량으로 만든 탄소 발자국 그래프

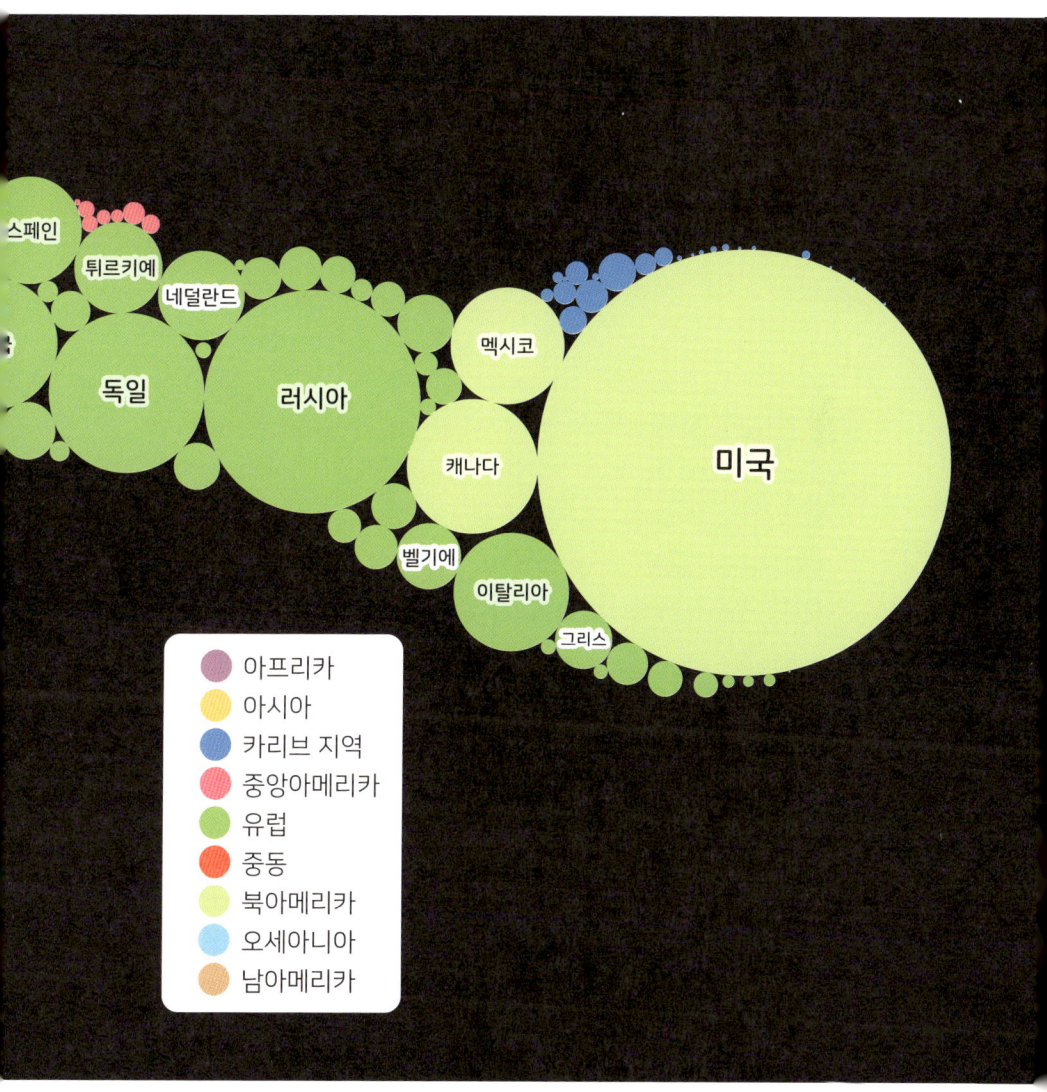

왜 천천히 읽기를 해야 하는가?

'천천히 읽는 책'은 그동안 역사, 과학, 문학, 교육, 지리, 예술, 인물, 여행을 비롯해 다양한 주제와 소재를 다양한 방식으로 펴냈습니다. 왜 천천히 읽자고 하는지 궁금해하는 독자들이 있어서 몇 가지를 밝혀 둡니다.

- '천천히 읽는 책'은 말 그대로 독서 운동에서 '천천히 읽기'를 살리자는 마음을 담았습니다. 천천히 읽기는 '천천히 넓고 깊게 생각하면서 길게 읽자'는 독서 운동입니다.
- 독서 초기에는 쉽고 가벼운 책을 재미있게 읽을 수 있는 방법으로 시작해야겠지요. 그러나 독서에 계속 취미를 붙이기 위해서는 그 단계를 넘어서 책을 깊이 있게 긴 숨으로 읽는 즐거움을 느낄 수 있어야 합니다. 그래야 문해력이 발달합니다.
- 문해력이 발달하는 인지 발달 단계는 대체로 10세에서 15세 사이에 시작합니다. 음식을 천천히 씹으면서 맛을 음미하듯이 조금 어려운 책을 천천히 되씹어 읽으면서 지식을 넘어 새로운 지혜를 깨달을 수 있습니다.
- 독서 방법에는 다독, 정독, 심독이 있습니다. 천천히 읽기는 정독과 심독에서 꼭 필요한 독서 방법입니다. 빨리 많이 읽기는 지식을 엉성하게 쌓아 두기에 그칩니다. 지식을 내 것으로 소화하기 위해서는 정독이 필요하고, 지식을 넘어 지혜로 만들기 위해서는 심독이 필요합니다.
- 어린이들한테는 쉽고 가볍고 알록달록한 책만 주어야 한다고 생각하는 어른들이 있습니다. 그러나 독서력이 높은 아이들은 어렵고 딱딱한 책도 독서력이 낮은 어른들보다 잘 읽습니다. 그런 기쁨을 충족하지 못할 때 반대로 문해력도 발달하지 못하면서 책과 멀어지게 됩니다.

'천천히 읽는 책'은 독서력을 어느 정도 갖춘 10세 이상 어린이부터 청소년과 어른까지 읽는 책들입니다. 어린이, 청소년과 어른들(교사와 학부모)이 함께 천천히 읽으면서 이야기를 나눌 수 있는 읽기 자료가 되기를 바라는 마음에서 만들고 있습니다.